Anselm Grün OSB

W0233527

Leben aus dem Tod

VIER-TÜRME-VERLAG MÜNSTERSCHWARZACH
1995

Die Deutsche Bibliothek – CIP-Einheitsaufnahme

Grün, Anselm:
Leben aus dem Tod/ Anselm Grün. – 1. Aufl. –
Münsterschwarzach : Vier-Türme-Verl., 1995
  (Münsterschwarzacher Kleinschriften ; Bd. 92)
  ISBN 3-87868-524-6
NE: GT

1. Auflage 1995
Gesamtherstellung: Vier-Türme-Verlag, D-97359 Münsterschwarzach Abtei
© by Vier-Türme-Verlag, Münsterschwarzach Abtei
ISSN 0171-6360
ISBN 3-87868-524-6

MÜNSTERSCHWARZACHER KLEINSCHRIFTEN

herausgegeben
von den Mönchen der Abtei Münsterschwarzach

Band 92

Anselm Grün OSB

Leben aus dem Tod

VIER-TÜRME-VERLAG MÜNSTERSCHWARZACH
1995

INHALT

Einleitung

Immer wieder fragten mich Menschen danach, etwas über das Sterben und über das Leben nach dem Tod zu schreiben, vor allem auch über das Thema Reinkarnation, das viele umtreibt und verunsichert. Lange habe ich mich dagegen gewehrt. Denn es gibt ja schon eine Unmenge Bücher zu diesem Thema. Als ich nun die eigenen körperlichen Grenzen erfahren mußte und für drei Wochen im Krankenhaus lag, hat mich dieses Thema nicht mehr losgelassen. Es wurde zu meinem persönlichen Thema. So habe ich mich daran gemacht, meine eigenen Gedanken, so wie sie mir aus der persönlichen Auseinandersetzung mit meinem eigenen Sterben, aber auch mit dem Thema von Tod und Auferstehung überhaupt, erwachsen sind, darzulegen. Ich erhebe dabei nicht den Anspruch, völlig Neues zu schreiben. Ich möchte nur einen Überblick geben über das, was mich auf dem Hintergrund der theologischen Diskussion der letzten Jahre umtreibt. Dabei habe ich die vielen Gespräche im Hinterkopf, die ich in den letzten Jahren zu diesem Thema mit jungen und auch mit alten Menschen geführt habe und die gerade auch meinen Aufenthalt im Krankenhaus geprägt haben. Im Krankenhaus hatte ich keine Literatur zur Verfügung. Das hat mich anfangs gebremst. Aber dann spürte ich, daß das auch eine Herausforderung ist, persönlicher über den Tod zu schreiben und nicht einfach die Meinungen der verschiedenen Theologen und Psychologen darüber zu referieren. Als ich wieder daheim war, habe ich dann doch noch einiges nachgelesen, um mir über manche Punkte selbst klarer zu werden.

I. Einübung in das Sterben

1. Der Tod als Lebensverstärkung

Als Br. Mauritius in einer Jugendvesper über den Tod predigte, stellte er an die Jugendlichen die Frage, was sie tun würden, wenn sie nur noch ein Jahr und wenn sie nur noch einen einzigen Tag leben würden. Die Antworten stimmten darin überein, daß jeder noch einmal bewußt leben würde. Manche würden sich eine Weltreise gönnen, andere würden sich mit Menschen versöhnen, die ihnen wichtig sind, wieder andere würden ganz bewußt überlegen, was sie den ihnen lieben Menschen sagen würden oder wie sie den Sinn ihres Lebens oder das Ziel ihres Strebens formulieren könnten, was sie der Welt zu sagen hätten. Andere würden sich darüber Gedanken machen, was das Wichtigste im Leben ist. Und das würden sie dann tun. Bei allen wurde deutlich, daß der Tod das Leben verstärkt. Der nahe Tod ist eine Herausforderung, bewußt und intensiv zu leben. Diese Erfahrung haben auch viele Menschen gemacht, die sog. Nah-Todeserlebnisse hatten. Sie erlebten ihr Dasein als Geschenk. Jeden Tag neu dankten sie für die Tatsache, daß sie lebten. Sie konnten das Leben genießen und dankbar jeden Augenblick wahrnehmen. Sie wurden offen für die Menschen rings um sie herum, für das Geheimnis jeder Begegnung.

Wenn wir uns vorstellen, daß wir morgen sterben würden, dann würden wir nochmals ganz bewußt und intensiv den heutigen Tag erleben. Wir würden jeden Augenblick auskosten. Wir würden uns auf die Begegnungen vorbehaltlos einlassen. Wir würden auf jedes Wort achten, das wir sprechen, und es abwägen, was wir eigentlich sagen möchten. Wir wissen alle, daß wir eines Tages sterben werden. Aber das verdrängen wir lieber. Das prägt nicht unser Leben. Daher ist eine wichtige Übung des geistlichen Lebens für den hl. Benedikt, sich täglich den Tod vor Augen zu halten. Diese Übung empfiehlt Benedikt nicht, um mit traurigem Gesicht durch die Welt zu laufen, sondern um das Leben auszukosten, um „Lust am Leben" zu haben, wie er im Prolog schreibt. Sich vor Augen zu halten, daß wir sterben werden, das heißt, menschlich leben, so leben, wie es unserer menschlichen Existenz entspricht, die ja sterblich ist. Und es heißt für mich, achtsam und wach zu leben, mir immer wieder des Geheimnisses inne zu werden, daß ich da bin, daß ich atme, daß ich fühle, daß ich lebe, daß ich einzigartig bin auf der Welt, daß es einen Aspekt von Gott gibt, den nur ich in dieser Welt ausdrükken kann. Das Denken an den Tod dient dem Leben. Ich spüre dem Geheimnis des Lebens nach. Was bedeutet es, zu leben, zu sein? Wie fühlt sich das Leben an? Wie schmeckt Leben? Und was heißt es, einmalig zu sein, etwas vermitteln zu dürfen, das nur ich vermag? Was heißt es, daß die Welt auf mich wartet, daß ich das Wort sage, das mir allein vorbehalten ist?

Ein Altvater wurde einmal gefragt, warum er nie Angst habe. Er gab zur Antwort: „Weil ich täglich an meinen Tod denke." Der Gedanke an den Tod nahm ihm die Angst vor der Bedrohung durch andere, vor der Vernichtung durch Krankheit oder Unfall, und vor Versagen und Abgelehntwerden. Die Angst, die heute soviele umtreibt, hat letztlich immer auch mit dem Tod zu tun. Wir haben Angst, daß uns liebe Menschen entrissen werden. Wir haben Angst, krank zu werden und zu sterben. Wir haben Angst, zu versagen und den

Erwartungen der andern nicht gerecht zu werden. Wir haben Angst, uns zu blamieren und dann von andern abgelehnt zu werden. Wenn ich mir den Tod vor Augen halte, ist es mir nicht mehr so wichtig, was die andern von mir denken. Da interessiert es mich nicht mehr, ob ich nun Erfolg habe oder nicht. Vor dem Tod verblaßt der Ehrgeiz, etwas Großes zu leisten. Ich habe keine Garantie, daß ich die Projekte, die ich angefangen habe, zu Ende führen werde. In der Verwaltung habe ich viel mit Geldgeschäften zu tun. Auch wenn ich da immer in großen Zeiträumen denken muß, ist mir klar, daß es nicht selbstverständlich ist, daß ich das Ergebnis der Anlagen erlebe. Ich entscheide mich, so gut ich es vertreten kann. Aber zugleich denke ich mir immer wieder, daß ich es letztlich Gott überlassen muß, was daraus wird.

Der Tod rückt die Maßstäbe für das Leben zurecht. Er verweist mich auf das, woraus ich eigentlich leben kann. Das schenkt mir Freiheit. Natürlich lebe ich gerne, ich hänge am Leben, so daß trotz aller Meditation und trotz allen Glaubens ein Stück Angst vor dem Tod bleibt. Und ich bitte darum, daß Gott mir ein langes Leben schenkt, damit es reiche Frucht bringen kann, damit ich vielen Menschen helfen darf, daß ich die Höhen und Tiefen des Lebens auskoste und daß die Zeit bleibt, die persönliche Botschaft meines Lebens auch angemessen zur Sprache zu bringen. Ich weiß aber auch, daß der Tod mich von außen treffen kann, daß er mir unsägliche Schmerzen bereiten und alle meine Pläne über den Haufen werfen kann. Auch wenn ich mich mit meinem Tod befasse und ihn meditiere, bleibt immer noch die Angst vor dem Unbekannten und Bedrohlichen des Todes. Aber die Angst ist nicht das

Grundgefühl, wenn ich an meinen Tod denke. Vielmehr ist es eher das Gefühl der Dankbarkeit, daß ich leben darf, und der Achtsamkeit, daß ich bewußt leben möchte.

Mich fasziniert das Wort, das Mozart vier Jahre vor seinem eigenen Tod an seinen sterbenden Vater schreibt: „Da der Tod (genau zu nehmen) der wahre Endzweck unseres Lebens ist, so habe ich mich seit ein paar Jahren mit diesem wahren, besten Freunde der Menschen so bekannt gemacht, daß sein Bild nicht allein nichts Schreckendes mehr für mich hat, sondern recht viel Beruhigendes und Tröstendes! Und ich danke meinem Gott, daß er mir das Glück gegönnt hat, mir die Gelegenheit (Sie verstehen mich) zu verschaffen, ihn als den Schlüssel zu unserer wahren Glückseligkeit kennen zu lernen." (Brief vom 4.4.1787) In Mozarts Musik höre ich heraus, daß er sich mit dem Tod vertraut gemacht hat. In seinen langsamen Sätzen übersteigt er den Tod, da läßt er etwa die Geige hinüberschwingen in das Jenseits des Todes. Im zweiten Satz des Klarinettenkonzertes (KV 622) hört die Klarinette ihren eigenen Tönen nach, die über den Tod hinaus weisen in einen Raum der Vollendung und Schönheit. Bei Mozart kann man mit Recht sagen, daß der Tod das Leben verstärkt. Seine lebenszugewandte Musik sprudelt aus der Quelle des Todes, der für ihn der Schlüssel zu wahrer Glückseligkeit ist.

Ein anderer Gedanke ist mir wichtig geworden, wenn ich an den Tod denke. Ich möchte in dieser Welt Spuren meiner Liebe hinterlassen, Spuren, die bleiben und einen Weg weisen, Spuren, an die andere gerne sich erinnern, Spuren, auf denen andere weiter suchen können. Als Jesus wußte, daß seine Stunde des Sterbens gekommen war, da erwies er seinen Jüngern seine Liebe nochmals auf eindrückliche Weise. Johannes beschreibt diese letzte Spur seiner Liebe so: „Jesus, der wußte, daß ihm der Vater alles in die Hand gegeben hatte und daß er von Gott gekommen war und zu Gott zurückkehrte, stand vom Mahl auf, legte sein Gewand ab und umgürtete sich mit einem Leinentuch." (Joh 13, 3f) Er wäscht den Jüngern die Füße, Zeichen einer Liebe, die sich ganz und gar entäußert. In dieser Liebe berührt er gerade die schmutzigen und verwundeten Bereiche des Menschen, seine Füße, seine Achillesferse. Jesus wird zum Diener seiner Jünger. Und er drückt mit dieser Geste der Fußwaschung aus, was sein ganzes Leben geprägt hat: daß er von Gott herabgekommen ist, um solidarisch mit den Menschen zu sein, um ihre Wunden zu heilen und um gerade am Kreuz ihre tiefste Wunde zu berühren, die es gibt: die unheilbare Wunde des Todes. Mit dieser Symbolhandlung faßt Jesus also zusammen, was er mit seinem Leben gewollt hat. In ihr wird die Spur seiner Liebe tief eingegraben in unsere Welt. Diese Spur kann niemand mehr übersehen. Und sie hat seither unzählige Menschen animiert, dieser Spur der heilenden Liebe zu folgen.

Was von Jesus gilt, könnten wir von uns genauso sagen. Auch wir wissen, daß wir letztlich von Gott gekommen sind und wieder zum Vater zurückkehren werden. Daher stünde es uns genauso an, wie Jesus Spuren unserer Liebe zu hinterlassen, die auch nach unserem Tod noch sichtbar bleiben. Für den einen ist diese Spur seiner Liebe die Art, wie er einen andern Menschen anschaut. Für den andern ist sie seine Hilfsbereitschaft. Für den andern die Offenheit für die Not des andern, die Liebe, die das Leben hingibt für die Freunde (Vgl. Joh 15,13). Bei einem ist diese Liebe sichtbar geworden in einem Photo, das die innere Flamme seiner Liebe darstellt. Bei einem andern drückt sie sich in seinen Werken aus, in Bildern, die er gemalt hat, in Briefen oder Büchern, die er geschrieben hat. Bei einem andern ist es einfach die Erinnerung, wie er den Menschen begegnet ist, was er zu ihnen gesagt hat, wie er sich gegeben hat. Ich möchte, daß die Menschen mit mir die Spur eines weiten Herzens verbinden, das sich nicht schont, weil es die Menschen gerne hat und in ihnen ihr einmaliges Leben hervorlocken möchte. Aber zugleich weiß ich, wie eng dieses Herz oft ist und wie es oft dunkle und destruktive Gedanken prägen.

Jesus hält den Jüngern eine Abschiedsrede. Darin sagt er ihnen nochmals, was ihm in seinem Leben wichtig war. Er verheißt ihnen, daß er bei ihnen sein wird, wenn er zum Vater gegangen ist, und daß er wieder kommt, damit auch sie dort sind, wo er ist. Es sind Worte der Liebe, die den Tod überdauern. Die Liebe, die aus Jesu Mund spricht, wird auch durch den Tod nicht zerstört. Gabriel Marcel, der französische Philosoph, hat einmal gesagt: „Lieben, das heißt zum andern sagen: Du, du wirst nicht sterben." Diese todüberwindende Liebe drückt Jesus seinen Jüngern in immer neuen Redewendungen aus: „Wie mich der Vater geliebt hat, so habe auch ich euch geliebt. Bleibt in meiner Liebe!" (Joh 15,9) Jesus nennt seine Jünger nun nicht mehr Knechte, sondern Freunde, weil er ihnen alles gesagt hat, was ihm am Herzen lag (Vgl. Joh 15,15). Und er freut sich darauf, sie wiederzusehen: „Ich werde euch wiedersehen; dann wird euer Herz sich freuen, und niemand nimmt euch eure Freude." (Joh 16,22) Und Jesus gibt seinen Freunden nochmals den Grund seines Wirkens, seines Liebens, Aufrichtens und Heilens an, den Grund auch, warum er sein Leben nun im Tod für sie ausgießen werde: „damit die Liebe, mit der du (der Vater) mich geliebt hast, in ihnen ist und damit ich in ihnen bin." (Joh 17,26)

Die Bibel kennt noch andere Abschiedsreden großer Männer: die Abschiedsrede des Mose, des David, des Apostels Paulus. Wenn sterbende Menschen das, was sie bewegt, nochmals zum Abschied ausdrücken können, dann ist das ein großes Geschenk. Es gibt ergreifende Szenen, wo eine sterbende Mutter oder ein sterbender Vater der um das Sterbebett versammelten Familie nochmals sagt, was ihr Vermächtnis für sie und für die künftigen Generationen ist. Aber wir haben keine Garantie, daß wir so gut vorbereitet sterben werden und daß wir uns da ausdrücklich von allen lieben Menschen verabschieden können. Bei Einzelexerzitien lasse ich die Exerzitanten oft einen Brief schreiben, mit der Vorgabe, sie würden kurz vor ihrem Tod an einen lieben Menschen schreiben, was sie in diesem Leben vermitteln wollten, was die Leitidee war, der sie gefolgt sind, was sie zum Abschluß als Zusammenfassung ihrer Botschaft nochmals sagen möchten. Für manche ist eine solche Aufgabe fremd. Aber es tut uns gut, wenn wir uns einmal bewußt werden, warum wir überhaupt angetreten sind, warum wir uns abmühen, was uns denn antreibt, täglich neu den Menschen zu begegnen und unsere Arbeit zu tun. Was sind die Gedanken, die uns tief in unserem Herzen prägen? Was ist unsere tiefste Sehnsucht? Was möchte ich mit meinem Leben verkünden? Natürlich weiß ich, daß wir alle hinter diesen Leitideen zurückbleiben. Oft genug werden sie völlig verdeckt durch unsere Probleme, durch die Verletzungen unserer Lebensgeschichte oder durch unseren Ehrgeiz und unsere Empfindlichkeit. Der Tod zwingt uns, uns immer wieder einmal Gedanken darüber zu machen, was unser Leben zusammenhält und prägt, was wir in dieser Welt für Spuren hinterlassen möchten, die für uns typisch sind. Das Ziel des geistlichen Lebens ist ja, daß jeder von uns das einmalige Bild lebt, das Gott sich von ihm gemacht hat. Jeder hat eine prophetische Sendung, die nur er zu erfüllen hat. Wenn wir uns fragen, was wir dieser Welt für Spuren einprägen möchten, dann kommen wir in Berührung mit unserem einmaligen und unverfälschten Bild, das Gott sich von uns gemacht hat.

2. Sterben als Loslassen

Im Tod wird von uns verlangt, uns radikal in Gottes Hände fallen zu lassen. Dieses Loslassen üben wir ein Leben lang ein. Was im Tod geschieht, ist immer schon anwesend in unserem Leben. So hat es Augustinus gesehen: „Wenn von da an ein jeder zu sterben beginnt, das heißt im Tode zu sein, von wann an in ihm der Tod zu wirken begann, das heißt die Abnahme des Lebens, dann ist der Mensch in der Tat von da an im Tode, da er in diesem Leib zu sein begann." (Zitat bei Boros 21). Unser ganzes Leben besteht aus solchen Schritten des Loslassens. Neues kann nur wachsen, wenn wir Altes loslassen. Sterben hat mit Geborenwerden zu tun. Aber das Neue kann nur geboren werden, wenn etwas Altes stirbt. Das Kind kann nur geboren werden, wenn die Mutter es losläßt. Es kann nur reifen, wenn es bereit ist, seine Kindheit loszulassen. Es kann nur erwachsen werden, wenn es seine Jugend losläßt. Wir sind unser Leben lang herausgefordert, das Erreichte loszulassen, den Besitz, die Gesundheit, die Rolle, die wir spielen, die Sicherheit. Wir müssen die eigene Kraft loslassen. Die Eltern müssen ihre Kinder loslassen. Das Leben entwickelt sich nur in der Dialektik des Annehmens und Loslassens. Wir müssen annehmen, was uns vorgegeben ist. Wir müssen uns selbst annehmen mit unserer Lebensgeschichte, mit unserem Charakter. Und wir müssen loslassen, was wir angenommen haben. Letztlich geht es darum, uns selbst loszulassen. Das ist die schwerste Aufgabe. Denn an uns selbst klammern wir uns wohl am meisten fest.

Das Ziel des Loslassens ist die Neugeburt. Der Tod ist die Vollendung des Loslassens und zugleich die Geburt des Neuen schlechthin. Wenn wir in unseren nächtlichen Träumen davon träumen, daß wir krank sind und sterben, dann meint das meistens einen Wechsel in unserer Identität. Wir müssen Altes loslassen, damit der neue Mensch geboren werden kann. Auch wenn wir theoretisch alle wissen, daß Neues nur durch das Loslassen des Alten entstehen kann, so tun wir uns doch sehr schwer damit. Es fällt uns nicht so leicht, die Kraft loszulassen und uns damit auszusöhnen, daß wir schwächer werden. Es fällt uns schwer, Freunde loszulassen, die ihren eigenen Weg gehen. Es fällt uns schwer, uns selbst, unsere Rolle, unsere Identität, loszulassen. Wir wissen nicht, was nachkommt. In der Begleitung von Menschen erlebe ich oft, wie da jemand spürt, daß er den Panzer ablegen müßte, den er bisher um sich aufgebaut hat, um sich vor dem Leben und seinen Verwundungen zu schützen. Aber der Schritt von der Einsicht, daß der Panzer ihn abhält vom Leben, und dem Loslassen der alten Identität ist schwer. Er weiß ja nicht, was nachkommt. Das Alte ist ihm vertraut geworden. Damit kann er umgehen, auch wenn er häufig darunter leidet. Aber das Neue macht erst einmal Angst.

Ähnlich ist es mit dem Tod. Wir glauben daran, daß wir im Tod uns selbst loslassen müssen, um das Neue und Unerwartete des ewigen und göttlichen Lebens empfangen zu können. Aber wir tun uns schwer, uns selbst loszulassen. Wenn es ans Sterben geht, dann spüren viele Menschen erst, wie sehr sie am Leben hängen. Das Paradox ist, daß gerade Menschen, die während ihres Lebens immer wieder gejammert haben, daß das Leben so schwierig sei, daß sie nichts davon hätten, sich mit aller Kraft ans Leben krallen, sobald es ihnen genommen wird. C. G. Jung meint, ab der Lebensmitte bleibe nur der lebendig, der bereit ist zu sterben. Für ihn ist der Glaube an ein Fortleben nach dem Tod eine innere Gewißheit der Seele. Die Seele findet es vernünftig, im Tod eine Verwandlung und nicht Vernichtung zu sehen. Und indem sie sich darauf einrichtet, lebt sie gesund. Wenn ich im Tod ein Ziel sehe, dann werde ich bereit sein, meine Erfolge und Werke, meine Gesundheit und Kraft loszulassen. Die Auseinandersetzung mit dem eigenen Tod ist für Jung die Voraussetzung für erfülltes Leben. Wer im Tod ein Ziel sieht, der kann das Vergangene loslassen. Wer im Tod nur die Vernichtung erkennt, der muß sich krampfhaft an seiner Jugend festhalten. Seine psychologische Entwicklung bleibt stehen. Für Jung ist dieses Festhalten am Jungen und die Weigerung, sein Altwerden und Sterben anzunehmen, Pervertierung menschlicher Kultur. Zur Kultur gehört die Weisheit des Alters, die aber nur wachsen kann, wenn wir uns mit dem eigenen Sterben auseinandersetzen und aussöhnen. Im AT hören wir immer wieder von Menschen, die lebenssatt bereit sind, den Weg allen Fleisches zu gehen. Sie sind dankbar für das Leben, das Gott ihnen geschenkt hat. Aber nun sind sie genauso bereit, es auch loszulassen und sich in Gottes Hände fallen zu lassen.

Was im Tod geschieht, hat uns Jesus am Kreuz vorgelebt. Jesus hat den Menschen die Nähe des Reiches Gottes verkündet. Aber er erfuhr den Widerstand der Sadduzäer, die darin eine Bedrohung ihrer politischen und wirtschaftlichen Interessen sahen. Da mußte Jesus sich langsam damit aussöhnen, daß seine Verkündigung nicht die ganze Welt erreicht, sondern daß er mit einem gewaltsamen Tod zu rechnen hat. Jesus mußte also erst sein eigenes Lebenskonzept loslassen und sich im Gebet durchringen, Gottes Willen an sich geschehen zu lassen. Die Evangelien zeigen uns, wie hart dieser innere Kampf für Jesus war. Lukas spricht beim Gebetskampf Jesu in Gethsemane von Angst und Schweiß: „Er betete in seiner Angst noch inständiger, und sein Schweiß war wie Blut, das auf die Erde tropfte." (Lk 22,44) Am Kreuz mußte Jesus sein Werk loslassen, für das er sich mit all seiner Kraft eingesetzt hatte. Er mußte die Menschen loslassen, die er liebte, deren Wunden er geheilt und denen er die Frohe Botschaft verkündet hat. Und dann mußte er seine Vorstellung von Gott loslassen. Und schließlich mußte er sich selbst in Gottes liebende Hände fallen lassen.

Das Ringen Jesu in seinem Sterben am Kreuz wird deutlich, wenn wir die beiden Psalmen betrachten, die er nach Auskunft der Synoptiker am Kreuz gebetet hat: Psalm 22 und 31. Ich halte es auch für historisch wahrscheinlich, daß Jesus mit den Worten dieser beiden Psalmen auf den Lippen gestorben ist. In Ps. 22 beginnt Jesus mit der

Klage: „Mein Gott, mein Gott, warum hast du mich verlassen, bist fern meinem Schreien, den Worten meiner Klage?" Aber trotz all der Gaffer, denen Jesus in seinem Sterben ausgesetzt ist und die nun über ihn lästern, vertraut er auf den Vater: „Du bist es, der mich aus dem Schoß meiner Mutter zog, mich barg an der Brust der Mutter." (Ps. 22,10) Dann schildert er die physischen und psychischen Nöte des Sterbens: „Meine Kehle ist trocken wie eine Scherbe, die Zunge klebt mir am Gaumen, du legst mich in den Staub des Todes." (V. 16) Aber trotz all der Qual des gewaltsamen Sterbens am Kreuz ist er sich gewiß, daß der Vater ihn erretten werde. Dann wird er seinen Namen unter allen Menschen verkünden und preisen: „Denn er hat nicht verachtet, nicht verabscheut das Elend des Armen." (V. 25) Gerade in den Kartagen ist es für mich immer wieder überwältigend, diese Worte Jesu nachzubeten und mir dabei vorzustellen, daß Er sie am Kreuz mit letzter Kraft herausgeschrieen hat, in äußerster Not, aber auch in tiefstem Vertrauen, wie er sich in seiner Not, in seiner Verzweiflung, in seiner Einsamkeit, in seinem Verspottetwerden in Gottes Arme hinein ergeben hat.

Lukas berichtet uns, daß Jesus das jüdische Abendgebet am Kreuz gesprochen hat, Psalm 31. Wenn ich diese Worte als Worte am Kreuz meditiere, geht mir auf, wie auch mein Sterben einmal sein kann. Im Sterben sucht Jesus Zuflucht bei seinem Vater: „Herr, ich suche Zuflucht bei dir. Laß mich doch niemals scheitern; rette mich in deiner Gerechtigkeit!" (Ps 31,2) Er weiß, daß Gott sein Fels ist, auf den er bauen kann, der ihn aus der Not befreien wird. In seine Hände legt er sterbend voll Vertrauen seinen Geist (Vg. V. 6). Auch hier schwanken die Worte zwischen der Schilderung der Sterbensqual und Worten letzten Vertrauens: „Meine Kraft ist ermattet im Elend, meine Glieder sind zerfallen. Zum Spott geworden bin ich all meinen Feinden, ein Hohn den Nachbarn, ein Schrecken den Freunden." (V. 11f) Aber Jesus ist sich mitten in seiner Sterbensnot auch gewiß: „Ich aber, Herr, ich vertraue dir, ich sage: 'Du bist mein Gott.' In deiner Hand liegt mein Geschick." (V. 15f) Und er vertraut darauf, daß Gott im Tod sein Angesicht über ihm leuchten läßt (V. 17) und daß er seine Güte an ihm erweisen wird. Auch unser Sterben wird beides sein: Angst, Einsamkeit, Qual, Nichtverstandenwerden, Ringen zwischen Festhalten und Loslassen, aber auch Vertrauen, Gewißheit über Gottes helfende Nähe. Auch für uns wird das Sterben ein Kampf sein, uns und unser Leben loszulassen und uns in Gottes Hände zu ergeben, uns dem liebenden Gott anzuvertrauen.

Jesus ist am Kreuz keinen erbaulichen und heroischen Tod gestorben. Es war der schändlichste Tod, den die Antike kannte, am Kreuz vor den Augen der Gaffer mit der Atemnot und dem Tod kämpfen zu müssen. Jesu Tod am Kreuz zu meditieren heißt für mich, auch die Sehnsucht nach einem erbaulichen Tod loszulassen. Ich kenne in mir den Wunsch nach einem erbaulichen Tod, daß Menschen mich umstehen, die mir am Herzen liegen, daß ich klar bei Verstand bin, daß ich noch einmal ausdrücken kann, wofür ich gelebt habe und wofür ich sterben möchte. Aber Ja zu meinem Sterben sagen heißt für mich auch, Ja zu sagen zu dem Tod, den Gott für mich bereitet hat, der vielleicht nicht so schön und harmonisch sein wird, wie ich das ersehne. George Bernanos hat in zwei Büchern beschrieben, wie wir selbst unsern Tod noch loslassen müssen. In der „begnadeten Angst" stirbt die Priorin einen schweren Tod. Da wird nicht das Vertrauen, sondern die Angst ihres Herzens offenbar. Und im Roman „Der Abtrünnige" schreibt er von der jungen Frau, die vergewaltigt und ermordet wurde: „Sogar ihren Tod hat man ihr noch genommen." Dostojewski schildert in seinen Brüdern Karamasow das Sterben des großen Starez. Alle erwarten einen erbaulichen Tod. Doch nach seinem Tod ist das ganze Haus von üblem Geruch erfüllt. Wir können uns nicht aussuchen, wie wir sterben. Der Tod ist auch ein Widerfahrnis von außen, das uns unerbittlich treffen und alle unsere eigenen Wünsche und Vorstellungen über den Haufen werfen kann.

Sich im Tod in Gott hinein loszulassen, das kann auch zur Sehnsucht nach dem ewigen Leben, nach der ewigen Heimat werden. Solche Todessehnsucht ist wohl in vielen Bachkantaten zu spüren. Da singt Simeon in der Kantate „Ich habe genug": „Ich freue mich auf meinen Tod." Immer wieder wird bei Bach von dieser Sehnsucht nach der wahren Heimat bei Gott gesungen. Da singt der Alt in der Kantate zum 3. Weihnachtstag: „Von der Welt verlang ich nichts, wenn ich nur den Himmel erbe." Und in der Kantate „Meinen Jesus laß ich nicht" singen Sopran und Alt im Duett: „Entziehe dich eilends, mein Herze, der Welt, du findest im Himmel dein wahres Vergnügen. Wenn künftig dein Auge den Heiland erblickt, so wird erst dein sehnendes Herze erquickt, so wird es in Jesu zufriedengestellt." Es ist sicher nicht nur die Erfahrung des Jammertals, das die Barockzeit mit dieser Welt verbindet, sondern auch die Ahnung von absoluter Heimat und Geborgenheit. Diese Menschen sehnten sich nach dem Himmel, nicht um ihrer irdischen Aufgabe auszuweichen, sondern um sie zu relativieren. J.S Bach hat sich sehr wohl seiner Aufgabe als

Cantor und Komponist, als Familienvater und Erzieher gestellt. Die Sehnsucht nach dem ewigen Leben hat ihn hier auf Erden intensiv leben lassen. Ich kann mich in diese Bacharien ganz hineinfallen lassen. Es ist für mich nicht Flucht aus dieser Welt, sondern Ausdruck des Glaubens, daß Jesus Christus mein Heil ist und daß sich mein Herz letztlich nach Ihm sehnt. Ich übersteige meinen Alltag und erahne, daß es in mir noch eine andere Sehnsucht gibt, als den Menschen und ihren Erwartungen zu genügen, eine Sehnsucht, die mir allein gehört, die mich weit macht und zu Gott erhebt, eine Sehnsucht, die über den Tod hinausreicht und jetzt schon den Himmel berührt. Es gibt in mir einen Bereich, über den diese Welt keine Macht hat, weil er in die jenseitige Welt hineinreicht. Es ist das Gefühl einer letzten Geborgenheit und das Vertrauen, daß mir Gott im Himmel eine herrliche Zukunft bereitet hat. Natürlich kann diese Todessehnsucht auch zur Flucht vor dem Leben werden. In der Barockzeit hat sie aber eher zu einer Intensivierung des Lebensgefühls geführt. Das zeigt die Buntheit der Kirchen.

In den Texten des hl. Augustinus begegne ich immer wieder dieser Sehnsucht nach der ewigen Heimat im Himmel. Für Augustinus sind die Psalmen Lieder der Sehnsucht. Indem wir sie singen, wächst die Sehnsucht nach der Heimat. Beim Chorgebet stelle ich mir oft vor, mit welcher Sehnsucht Augustinus diese Psalmen gebetet hat und wie diese Sehnsucht jetzt für immer erfüllt ist. Beten heißt dann auch für mich, mit der tiefen Sehnsucht in mir in Berührung zu kommen und diese Welt zu übersteigen, jetzt schon teilzuhaben am Himmel. Aber ich spüre auch, daß die Sehnsucht nur ein Pol des Lebens ist, der ergänzt werden muß durch die Bereitschaft, Verantwortung zu übernehmen für diese Welt. Und ich spüre, daß da nur ein Aspekt Gottes aufscheint, ein eher kindlicher Aspekt. Gott wird als Heimat und Geborgenheit gesehen. Das ist wichtig. Aber Gott ist auch der Exodus-Gott, der uns herausführt aus Gefangenschaft und uns aufträgt, diese Welt zu gestalten. Gott ist der, der mich aufrichtet und herausfordert. Wenn ich einseitig Gott nur als Heimat sehe, bin ich in Gefahr, in einem kindlichen Weltbild gefangen zu bleiben und Gott nur als Ersatz für die verloren gegangene Heimat zu sehen und den Himmel als Ersatz für das verlorengegangene Paradies der Kindheit.

3. Begleitung Sterbender

Im Mittelalter gab es eine eigene ars moriendi (Kunst zu sterben). Darunter verstand man die Einübung ins Sterben, die jeder für sich selbst vollziehen mußte. Darunter verstand man aber auch die Begleitung Sterbender, damit ihnen der Schritt durch den Tod hindurch gelinge, damit sie sich und ihr Leben vor Gott annehmen und es in Gott hinein loslassen konnten. Berühmt ist das Sterbebüchlein des Johannes Gershon, in dem der Tod meditiert wird und der Sterbende getröstet wird und zugleich ermahnt, seine Sünden zu bereuen und sich mit seinen Feinden auszusöhnen. Darin stehen auch die Sterbegebete Anselms von Canterbury, durch die sich der Sterbende in die Haltung des Vertrauens hinein meditieren sollte. Der Sterbende sollte in Gemeinschaft mit Menschen seinen Tod erleben. Er sollte vom Eingebundensein in die menschliche Gemeinschaft durch das einsame Tor des Todes in die neue Gemeinschaft des ewigen Lebens schreiten. Entscheidend war hier einmal die Aussöhnung mit dem eigenen Leben, mit der eigenen Schuld, und dann das Vertrauen in den Gott, der das arme Leben annimmt und erlöst.

Ein wichtiges Bild, das dem Menschen helfen sollte, sich ohne Angst in Gottes Hände fallen zu lassen, war das Bild der Pietá. Maria, die Mutter Gottes, hält ihren toten Sohn in ihrem Schoß. Dieses Bild war gerade in Pestzeiten, in denen der Tod ständig vor der Tür lauerte, für viele ein Hoffnungsbild. Ein Mensch, der trotz allen Glaubens immer auch Angst hat vor dem Unbekannten des Sterbens, soll durch die Meditation der Pietá im Glauben wachsen, daß wir im Tod in mütterliche Arme hineinsterben werden. Der Tod ist nichts Schreckliches. Er ist eine Neugeburt. Und Sterben hat mit der Mutter zu tun. Hermann Hesse läßt in seinem Roman „Narziss und Goldmund" den sterbenden Goldmund zu seinem Freund, dem strengen Abt Narziß, sagen: „Aber wie willst denn du einmal sterben, Narziß, wenn du doch keine Mutter hast? Ohne Mutter kann man nicht lieben. Ohne Mutter kann man nicht sterben." (Hesse 417) Für Goldmund ist sein Sterben Rückkehr zu seiner Mutter, die er zeit seines Lebens gesucht und nie gefunden hat. Er stirbt in die liebenden Arme seiner Mutter hinein. Das Bild der Pietá möchte ausdrücken, daß wir im Tod in die mütterlichen Arme des liebenden Gottes hinein sterben und nicht in die unbekannten grausamen Fänge des Todes. Für viele ältere Menschen ist sicher auch das Rosenkranzgebet eine Einübung in das Sterben und Ausdruck des Glaubens, daß wir im Tod nicht in fremdes Grauen hinein sterben, sondern in die mütterlichen Arme Gottes hinein. Wenn da 50 mal gebetet wird „Heilige Maria, Mutter Gottes, bitte für uns Sünder, jetzt und in der Stunde unseres Todes. Amen", dann wächst da die Ahnung, daß Sterben etwas mit der Mutter und mit einer neuen Geburt, mit dem mütterlich Gott und einem Neuwerden in Ihm zu tun hat.

Heute gibt es überall neue Initiativen, Sterbende menschlich und geistlich zu begleiten, etwa in der Hospizbewegung oder in palleativen Stationen. Hier dürfen nicht nur die Sterbenden, sondern auch die Begleiter wichtige spirituelle Erfahrungen machen. Da können sie das Geheimnis des Todes für sich neu entdecken. Ich kann einen andern nur soweit begleiten, als ich mich dem eigenen Tod zu stellen bereit bin. Eine der ersten, die über die Begleitung von Sterbenden geschrieben hat, war die Schweizer Ärztin Elisabeth Kübler-Ross. Sie hat auch die vier Phasen des Sterbens beschrieben, die über Nichtwahrhaben, Auflehnung, Verhandeln schließlich zum Aussöhnen mit dem eigenen Tod führen. Wer die Auflehnung, Trauer und Wut des Sterbenden aushält, der darf oft auch beglückende Erfahrungen machen. Er darf spüren, wieviel Segen vom ausgesöhnten Sterben ausgehen kann. Eine Familie, die den sterbenden Vater begleitet hat, durfte die Heilung uralter Wunden erfahren und die Versöhnung, die vom Vater auf die ganze Familie ausging. Wer diese Wunder der Versöhnung erfahren durfte, der weiß, daß er den Prozeß des Sterbens nicht beschleunigen darf, daß das Sterben ein Geheimnis ist, das ausgehalten und miterlebt werden muß, um seinen Segen dem Sterbenden und den Überlebenden schenken zu können.

Die Begleitung Sterbender gehört seit jeher zur Erfahrung wirklichen Lebens. Und sie gehört zur Kultur menschenwürdigen Sterbens. Neben all der Verdrängung des Todes und der Abschiebung Sterbender in Krankenhäuser entsteht heute ein neues Gefühl für menschenwürdiges Sterben, für die Notwendigkeit einer guten Begleitung Sterbender. Auf der andern Seite gibt es heute die Diskussion um das Sterbenlassen hoffnungslos Kranker und um aktive Sterbehilfe. Die Apparatemedizin hat heute dazu geführt, daß manchmal das Leben von Sterbenden künstlich verlängert wird. Ambulante Pfleger klagen darüber, daß sie Menschen weiter pflegen müssen, die man nicht sterben läßt, sondern gegen ihren und ihrer Angehörigen Willen künstlich weiter ernährt. Das ist keine Kultur des Sterbens und auch keine Spiritualität des Sterbens. Da wird Leben oft künstlich weiter verlängert. Da ist dann der Zeitpunkt des Todes durch das Abschalten der Apparate bestimmt. Umgekehrt gibt es die Tendenz zu aktiver Sterbehilfe, als ob jeder selbst entscheiden könne, wann er sterben möchte. Auch hier werden wichtige menschliche und geistliche Schritte übersprungen. Weil man das Loslassen und die Ohnmacht des Sterbens nicht aushalten kann, möchte man dem Prozeß selbst ein Ende setzen und überspringt dabei die Gesetze der eigenen Seele. Wer einen Sterbenden wirklich begleitet hat und die Verwandlung miterlebt hat, die da im Sterben geschieht, der kann sich nicht für aktive Sterbehilfe einsetzen. Denn da wird das Geheimnis des Lebens manipuliert. Den Mittelweg zu finden zwischen einer künstlichen Verlängerung des Lebens und einer aktiven Beendigung und auf diesem Weg das Geheimnis des Sterbens neu zu entdecken, darum geht es. Und es ist nicht nur eine Herausforderung für die Sterbenden, sondern genauso für die Lebenden. Sie müssen sich dem Tod genauso stellen wie die, die sie im Sterben begleiten. In ihnen kann genauso Verwandlung, Versöhnung und Heilung geschehen wie bei den Sterbenden.

II. Der Tod als Geheimnis

Seit jeher haben Philosophen und Theologen über das Geheimnis des Todes reflektiert. Der Tod war die Testfrage auf jede Philosophie. An ihr entschied sich, ob eine Philosophie tragfähig war oder nicht. Dabei ging es einmal um die Frage, wie Tod und Leben zusammenhängen, aber auch darum, wie man sich das Geschehen des Todes selbst und das Leben nach dem Tod vorstellen sollte. In den letzten Jahrzehnten hat man sich eher um diese Frage gedrückt. Man hat den Tod als etwas Unanschauliches verstanden, über das sich jede konkrete Diskussion verbiete. Das aber hat viele Christen dazu geführt, in anderen Religionen oder Philosophien nach konkreteren Vorstellungen des Todes zu suchen, etwa nach dem Modell der Reinkarnation, das für viele anschaulicher ist als das christliche Modell des Todes und des ewigen Lebens. Natürlich können wir über den Tod nichts Letztes sagen. Es bleibt immer auch ein Hauch von Spekulation. Aber trotzdem sind wir es unserem eigenen Verstand und auch unserem Herzen schuldig, uns über das Geschehen des Todes Gedanken zu machen und Vorstellungen zu entwickeln, die im Bild ausdrücken, was im Tod an uns und mit uns geschieht. Daher möchte ich bei allem Wissen um die Relativität unserer Aussagen versuchen, meine Gedanken über den Tod und über das Leben aus dem Tod, das Leben der Auferstehung, darzulegen.

1. Der Tod als Zusammenfassung des Lebens

Karl Rahner hat in seiner Theologie des Todes versucht, den Zusammenhang zwischen Leben und Tod zu beschreiben. Er war dabei von seinem

Lehrer Heidegger beeinflußt, der 1927 sein berühmtes Buch „Sein und Zeit" veröffentlicht hat. Darin hat er beschrieben, wie der Mensch immer auf den Tod zulebt, wie er von seinem Wesen her „Sein zum Tode" ist. Der Tod ist nach Heidegger „eine Grundbeschaffenheit des lebendigen Daseins... Das Dasein definiert sich als Hineingehaltenheit in den Tod nicht nur, weil es dem Tod entgegengeht, sondern wesenhafter, weil die Situation des Todes sich in ihm ständig verwirklicht." (Boros 20) Rahner meint, in jedem Erkennen und Tun würde der Mensch immer auch die Endlichkeit der Welt und seiner selbst erfahren. Die „Enttäuschung als Grundgestimmtheit seiner Existenz... „ist eine Anwesenheit des Todes" (Rahner, Prolixitas 468) Rahner sieht in jedem Leid, Mißerfolg und in jeder Krankheit Vorboten des Todes. Für Rahner ist der Tod die letzte Tat des Menschen, die alle einzelnen Taten der Freiheit während seines Lebens zusammenfaßt. Dabei sieht Rahner die Polarität des Todes. Auf der einen Seite trifft er uns unvermutet von außen. Auf der andern Seite ist er die eigentliche Vollendung des Menschen, die letzte und endgültige Entscheidung. Der Tod ist „ein passiv hingenommenes Widerfahrnis, dem der Mensch als Person machtlos und äußerlich gegenübersteht, aber er ist auch und wesentlich die personale Selbstvollendung, der 'eigene' Tod, eine Tat des Menschen von innen,... ein aktives Sich-zur-Vollendung-Bringen, aufwachsende, das Ergebnis des Lebens bewahrende Auszeugung und totales Sich-in-Besitz-Nehmen der Person" (Rahner, Tod SM 923).

Ladislaus Boros hat Rahners Todestheologie noch weiter entfaltet. Er hat gezeigt, daß der Tod anwesend ist in jedem menschlichen Wollen, Erkennen und Erinnern, das jeweils über sich hinausweist auf etwas Absolutes und Unbedingtes, das während unseres Lebens nie ganz zum Vorschein kommt. Und er hat von der christlichen Philosophie Gabriel Marcels ausgehend entfaltet, wie Liebe und Tod zusammengehören, wie Liebe nur möglich wird, wenn wir uns hingeben und uns selbst dabei aufgeben. Echte Liebe erweist sich in unserem Leben immer durch die Dimension des Habens bedroht. Im Tod lassen wir alles Habenwollen. „Erst im Tod ist die totale Hingabe der Liebe möglich, denn erst im Tod können wir voll und vorbehaltlos ausgeliefert sein. Darum gehen auch die Liebenden so einfach und unberührt in den Tod hinein, sie begeben sich ja nicht ins Fremde, sondern in den Innenraum der Liebe." (Boros 58) Boros stellt die sog. Endentscheidungshypothese auf, daß wir erst im Tod die eigentlich freie Entscheidung über unser ganzes Dasein treffen werden. Natürlich sieht das Boros nicht so, daß die Entscheidungen während unseres Lebens letztlich belanglos sind, weil wir uns im Tod immer noch anders entscheiden können. Vielmehr faßt die Endentscheidung im Tod die vielen Entscheidungen zusammen, die wir Tag für Tag treffen. Man mag über diese Hypothese von Boros streiten, entscheidend ist für mich, daß der Tod nicht etwas total Fremdes ist. Was Sterben ist, erahne ich, wenn ich versuche, vorbehaltlos zu lieben, das Gute schlechthin zu wollen und mich auf meine Sehnsucht einzulassen. Meine Liebe und meine Freude, meine Hoffnung und meine Sehnsucht bleiben hier auf Erden immer unabgeschlossen und können erst im Tod zur Vollendung kommen. Die Hoffnung weist über sich hinaus auf ein Jenseits des Todes, die Liebe schließt in sich schon etwas Todüberschreitendes und Ewiges.

Die Todestheologie von Rahner und Boros wurde zwar heftig kritisiert. Aber sie hat doch zeigen können, wie Tod und Leben eine Einheit bilden, wie der Tod nicht nur ein äußeres Widerfahrnis ist, das den Menschen zerbricht, sondern zugleich aktive Tat des Menschen, in der er sich in Gott hinein ergibt. Rahner weiß natürlich auch, daß der Tod, den wir beobachten, oft nicht widerspiegelt, was er ihm zugeschrieben hat. Aber Rahner unterscheidet den Tod, den wir klinisch beobachten, der oft im Koma oder im Schlaf unbewußt geschieht, von der Tat des Todes, in der das Leben zur Vollendung kommt. Beide Aspekte gehören zu unserem Tod. Der Tod ist nicht nur das Schreckliche, das uns zustößt, sondern auch die Vollendung unseres Lebens. Im Tod werden wir Gott und seinem Sohn Jesus Christus unverhüllt begegnen. Wir werden der eigenen Wahrheit nochmals ins Auge sehen und erkennen, was wir mit unserem Leben eigentlich angezielt haben und wie wir die eigentliche Absicht unseres Lebens oft genug verdunkelt haben. Der Tod ist der Augenblick, in dem wir uns angesichts der Unverhülltheit Gottes und des eigenen Lebens nochmals und endgültig für Jesus Christus entscheiden können und dürfen. Und wir dürfen darauf vertrauen, daß wir uns dann, wenn wir vollständig frei sind und unser Dasein als Ganzes überschauen können, für den liebenden Gott entscheiden, der uns erwartet.

2. Der Tod in der Erfahrung klinisch Toter (Nah-Todeserlebnisse)

In Amerika hat die Schweizer Ärztin Elisabeth Kübler-Ross nicht nur die Phasen des Sterbens beschrieben, sondern sie war auch eine der ersten, die sich dem Phänomen der Nah-Todeserlebnisse zugewandt hat. Ihr steht das Verdienst zu, in einem Land, in dem man den Tod jahrzehntelang aus der Öffentlichkeit verdrängt hat, den Tod wieder zum gesellschaftlichen Thema werden zu lassen. Seither wagen sich viele Menschen kurz vor ihrem Tod an die Öffentlichkeit, wie jüngst Hajo Friedrichs, der bekannte Fernsehjournalist, der dem Spiegel nochmals anvertraute, wie es ihm mit seinem Sterben geht. Und seither hat man überall auf der Welt die Nah-Todeserlebnisse gesammelt, Erlebnisse von Menschen, die klinisch tot waren. Bekannt geworden ist vor allem Raimond Moody, der viele solcher Nah-Todeserlebnisse untersucht und beschrieben hat. Bei aller Verschiedenheit der Erlebnisse hat Moody doch auch eine große Ähnlichkeit in der Erfahrung des klinischen Todes beobachtet.

Zunächst erlebt der Sterbende das Gefühl, daß er durch einen langen dunklen Tunnel hindurchmuß. Dann erfährt er sich plötzlich außerhalb seines Körpers und beobachtet, wie die Ärzte an ihm arbeiten. Moody beschreibt dann die typischen Erfahrungen des klinisch Toten so: „Andere Wesen nähern sich dem Sterbenden, um ihn zu begrüßen und ihm zu helfen. Er erblickt die Geistwesen bereits verstorbener Verwandter und Freunde, und ein Liebe und Wärme ausstrahlendes Wesen, wie er es noch nie gesehen hat, ein Lichtwesen, erscheint vor ihm. Dieses Wesen richtet – ohne Worte zu gebrauchen – eine Frage an ihn, die ihn dazu bewegen soll, sein Leben als Ganzes zu bewerten. Es hilft ihm dabei, indem es das Panorama der wichtigsten Stationen seines Lebens in einer blitzschnellen Rückschau an ihm vorüberziehen läßt. Einmal scheint es dem Sterbenden, als ob er sich einer Art Schranke oder

Grenze näherte, die offenbar die Scheidelinie zwischen dem irdischen und dem folgenden Leben darstellt. Doch wird ihm klar, daß er zur Erde zurückkehren muß, da der Zeitpunkt seines Todes noch nicht gekommen ist. Er sträubt sich dagegen, denn seine Erfahrungen mit dem jenseitigen Leben haben ihn so sehr gefangengenommen, daß er nun nicht mehr umkehren möchte. Er ist von überwältigenden Gefühlen der Freude, der Liebe und des Friedens erfüllt. Trotz seines inneren Widerstandes – und ohne zu wissen, wie – vereinigt er sich dennoch wieder mit seinem physischen Körper und lebt weiter." (Moody 1977,28)

Es ist klar, daß Moody mit diesen Nah-Todeserlebnissen nicht das Leben nach dem Tod oder das ewige Leben beschreiben kann. Es ist kein Blick in das Jenseits. Aber für mich ist es trotzdem sinnvoll, sich mit diesen Erfahrungen zu beschäftigen. Immerhin stimmen sie in manchen Punkten mit der christlichen Tradition überein, daß wir im Tod der eigenen Wahrheit begegnen werden. Die klinisch Toten haben wie in einem Film ihr ganzes Leben nochmals angeschaut und vor Gott bewertet. Sie erkennen sich darin und alles, was sie getan haben und was an ihnen geschehen ist, im Lichte Gottes auf neue Weise. Für manche ist die Begegnung mit der eigenen Wahrheit erschreckend. Für andere ist es der Augenblick, in dem sie sich aussöhnen mit ihrer Lebensgeschichte und den Sinn all dessen erkennen, was geschehen ist.

Übereinstimmend in allen Berichten über Nah-Todeserlebnisse wird von der Begegnung mit einem hellen Licht erzählt, das als lebendes Wesen mit einem persönlichen Charakter beschrieben wird. „Unbeschreibliche Liebe und Wärme strömen dem Sterbenden von diesem Wesen her zu. Er fühlt sich davon vollkommen umschlossen und ganz darin aufgenommen, und in der Gegenwart dieses Wesens empfindet er vollkommene Bejahung und Geborgenheit." (ebd 66) Christen identifizieren dieses Lichtwesen mit Jesus Christus, Juden sehen darin einen Engel, den Gott ihnen entgegenschickt. Natürlich ist das kein Beweis, daß wir im Tod Christus begegnen werden. Man könnte auch sagen, daß die Sterbenden eigenen Wunschphantasien nachgegangen sind. Aber für mich ist entscheidend, daß diese Menschen ihre Einstellung dem Tod und dem Leben gegenüber verändert haben, daß sie die Angst vor dem Tod verloren haben und daß sie die Herausforderung dieser Erfahrung an ihr Leben spüren. Sie wollten nicht einfach nur so weiterleben. Sie wollten bewußt leben, sie wollten mit ihrem Leben etwas anfangen. Sie wollten die einmalige Gestalt, die Gott ihnen zugedacht hat, verwirklichen.

Man hat versucht, die Nah-Todeserlebnisse medizinisch oder psychologisch zu erklären, etwa als Erfahrungen, die man in ganz bestimmten neurologischen Zuständen macht, oder als Halluzinationen und Einbildung. Man darf diese Erfahrungen sicher theologisch nicht überbewerten. Aber für mich sind sie auch ein Indiz dafür, daß wir im Tod dem liebenden Gott begegnen werden und daß wir auch die Menschen wiedersehen, die uns im Tod vorausgegangen sind. Von vielen Heiligen wird ja berichtet, daß sie vor ihrem Tod vom Wiedersehen im Himmel gesprochen haben. Solche Erfahrungen beweisen nicht das Leben der Auferstehung, aber sie können bei vielen den Glauben an das ewige Leben stärken und die Angst vor dem Tod nehmen. Mich haben

sie ermutigt, nicht beim Nichtwissen über den
Tod stehen zu bleiben, sondern das, was mir
wahrscheinlich erscheint, auch in Worte zu fassen.

3. Der Tod als Begegnung mit Gott

Auf dem Hintergrund der philosophischen Lehre
vom Tod und der medizinischen Forschungen
über Nah-Todeserlebnisse können wir uns von
der christlichen Theologie her das Geschehen des
Todes so vorstellen: Im Tod wird jeder Mensch
Gott und sich selbst in seiner unverhüllten Wahrheit begegnen. Und er wird dem mensch-
gewordenen Antlitz Gottes in Jesus Christus begegnen. Das gilt nicht nur für die Christen, sondern für die Menschen aller Religionen. Sie werden im Tod den Gott erkennen, den sie in ihrer
Religion und in ihrem Glauben gesucht haben.
Das gilt auch für Menschen, die sich Atheisten
nennen, die aber doch dem Geheimnis dieser
Welt und dem Geheimnis ihres Lebens nachge-
spürt haben. Sie werden im Tod erleben, wie der
Schleier weggenommen wird und sie das eigentliche Geheimnis erkennen, das Geheimnis des drei-
faltigen Gottes und das Bild Jesu Christi. Jeder
Mensch wird in seinem Tod das Antlitz Jesu
Christi erkennen, das ihm in diesem Leben in
seinen Brüdern und Schwestern begegnet ist (Vgl.
Mt 25,31ff). Er wird Christus als den Grund allen
Seins verstehen, auch wenn er von ihm noch nie
etwas gehört hat. Jeder Mensch, gleich welcher
Religion, unabhängig davon, ob er an Gott glaubt
oder nicht, wird im Tod dem wahren Gott begegnen. Und in dieser Begegnung mit Gott entscheidet sich seine ewige Zukunft.
Dabei müssen wir – ähnlich wie Rahner – den Tod
als geistliches Geschehen vom Tod trennen, den

wir beobachten können und der sich oft in Dunkelheit, Plötzlichkeit und Unbewußtheit vollzieht. Der klinische Tod ist der Beginn des Sterbeprozesses, der von allen Religionen beschrieben wird. Wie lange dieser Prozeß dauert, können wir nicht sagen. Eigenartigerweise gibt es in der Tradition der Völker die Zahl der 40 Tage. 40 Tage begleiten die Buddhisten den Sterbenden (etwa im tibetischen Totenbuch). Sie glauben, daß erst nach 40 Tagen der Sterbeprozeß zu Ende kommt. Die katholische Kirche kennt das Sechs-Wochen-Amt, das man für den Verstorbenen feiert und in dem das Vertrauen zum Ausdruck kommt, daß er nun in Gott hinein gestorben ist. Träume zeigen oft nach 40 Tagen eine Verwandlung des Toten an. Aber grundsätzlich gilt, daß jenseits des Todes auch Raum und Zeit aufhören und wir deshalb nicht in Tagen und Jahren denken dürfen.

Der Gott, dem wir im Tod begegnen, ist nicht der Richter- oder Buchhalter-Gott, sondern immer der liebende Gott, der uns als warmes und anziehendes Licht erscheint: „Gott ist Licht, und keine Finsternis ist in ihm." (1 Joh 1,5) Wenn wir uns von der Liebe Gottes anziehen lassen, wenn wir uns für diese Liebe entscheiden, dann sind wir im Himmel, dann ist unser Leben für immer gerettet. Wir brauchen dabei keine Angst zu haben, ob wir in unserem Leben genügend gute Taten vollbracht haben oder nicht. Da ist keine Waage, auf der alles genau gewogen wird, kein Buch, in das alles eingetragen wurde, was wir getan haben. Entscheidend ist, daß wir uns mit all dem, was wir gelebt haben, auch mit allem Ballast und mit aller Schuld diesem Gott ergeben. Wir werden vor Gott immer mit leeren Händen dastehen, als unnütze Knechte. Wir brauchen diese leeren Hände nur Gott hinzuhalten, dann wird Er sie füllen.

Aber wir müssen es in unserem Leben schon einüben, uns diesem Gott hinzuhalten und zu ergeben, damit es uns dann auch im Tod gelingen
möge.

Wir werden im Tod der Wahrheit Gottes, seiner
reinen Liebe und Barmherzigkeit begegnen. Aber
angesichts dieses liebenden Gottes erkennen wir
auch schmerzlich, wie sehr wir in uns selbst gefangen blieben. Wir werden erkennen, wie in
allen guten Werken auch eine Portion Egoismus
war, wie wir trotz unserer Frömmigkeit nur um
uns gekreist sind. Die Begegnung mit Gott ist
zugleich schmerzlichste Selbstbegegnung. Was
die Theologie früher mit dem Bild des Fegfeuers
erklärt hat, das meint diesen Schmerz der Begegnung. Wenn ich einem Menschen begegne, der
mich liebt und vor dem all das Harte und Egoisti-
sche in mir offenbar wird, dann tut das sehr weh.
Ähnlich kann man sich den Schmerz in der Begegnung mit Gott vorstellen. Der Mensch, der
sich der barmherzigen Liebe Gottes stellt und
sich in seiner Ohnmacht Gott ergibt, der den
Schmerz der Enttäuschung über sich zuläßt, den
Schmerz über das Zurückbleiben hinter dieser
bedingungslosen Liebe Gottes, der geht durch
das Fegfeuer der eigenen Wahrheit in den Himmel göttlicher Liebe. Der Mensch, der an sich
selbst festhält und sich der Liebe Gottes verwei-
gert, schließt sich selbst vom Leben aus. Er schafft
sich selbst die Hölle. Nicht Gott ist es, der ihn in
die Hölle stürzt, sondern er entscheidet sich selbst
für die Hölle, wenn er sich gegen Gott entscheidet, wenn er sich in sich selbst verkriecht.

Die Theologen haben sich darüber gestritten, ob
sich ein Mensch überhaupt gänzlich gegen Gott
entscheiden kann. Die Kirche hat die Lehre des

Origines von der apokatastasis panton, von der Heimkehr aller Menschen zu Gott, von der Allerlösung, als Gewißheit verworfen. Wir müssen damit rechnen, daß der Mensch auch scheitern kann, daß er frei ist, sich Gott gegenüber zu verschließen. Wir können uns diese Möglichkeit der Verschließung am Beispiel eines Kindes verständlich machen. Es hat sich total verrannt und gegen die Eltern gestellt. Die Eltern aber warten wie der barmherzige Vater auf den verlorenen Sohn. Sie bieten die Hand der Versöhnung an, sie laden in ihrer Liebe das Kind ein, in das Haus zu kommen. Aber es weist diese liebende Hand zurück, weil es an und über sich selbst verzweifelt ist und die Hoffnung auf Vergebung aufgegeben hat. Nicht die Eltern schließen aus, sondern die verzweifelten Kinder schließen sich selbst aus. Es kann sein, daß sich ein Mensch innerlich so verrannt hat, daß er ohne jede Hoffnung auf Umkehr und Vergebung ist, selbst wenn ihm diese Vergebung angeboten wird. Diese Erfahrung machen wir hier ja oft genug. Psychotherapeuten können ein Lied davon singen, wie schwer es oft ist, einem Menschen zu vermitteln, daß sie ihn lieben und nicht verurteilen. So kann es auch mit Menschen sein, die im Tod der reinen Liebe Gottes begegnen und doch daran verzweifeln. Daher müssen wir mit der Möglichkeit der Hölle rechnen. Aber zugleich dürfen wir hoffen, daß die Hölle leer ist. Wir dürfen der Liebe Gottes vertrauen, daß sie stärker ist als der Haß und die Selbstverschließung der Menschen. Wir dürfen hoffen, daß die Menschen sich von Gottes Liebe einladen lassen, ihre Selbstverneinung und Selbstverkrampfung aufzugeben und sich der Liebe zu ergeben. Die Gewißheit der Allerlösung ist Häresie, die Hoffnung auf sie aber christlich, ja sie entspricht dem katholischen Dogma. Und diese Hoffnung, daß sich alle im Tod in Gottes Liebe hineinfallen lassen, weil sie von ihr überwältigt sind, wird heute von den meisten Theologen vertreten, so von Walter Kaspar, Josef Ratzinger und Hans Urs von Balthasar. Die Kirche hat noch von keinem Menschen behauptet, daß er in der Hölle ist, während sie von den Heiligen definitiv sagt, daß sie im Himmel sind.

Christlich von der Hölle zu sprechen, heißt nicht, die Menschen in Höllenangst zu stürzen, sondern ihnen den Wert ihres Lebens vor Augen zu führen. Die kirchliche Lehre von der Hölle will uns auf die Einmaligkeit und auf den absoluten Wert unseres Lebens aufmerksam machen. Weil mein Leben einmalig ist, weil ich nur dieses eine Leben zur Verfügung habe, soll ich es bewußt leben, soll ich die Möglichkeiten leben, die Gott mir geschenkt hat. Es ist nicht selbstverständlich, wie ich lebe. Ich kann mit meinem Lebensentwurf auch scheitern. Das Wort von der Hölle soll uns nicht Angst machen, sondern zu einem intensiven Leben ermutigen. Natürlich kenne ich genügend Menschen, denen man in ihrer Erziehung mit der Hölle gedroht hat, die in ständiger Angst vor der Verdammung lebten. Ihnen hat man nicht die kirchliche Lehre von Himmel, Hölle und Fegfeuer gepredigt, sondern eine angstmachende Botschaft verkündigt, die meistens in der Angst des Predigers selbst begründet war. Und mit dieser Predigt hat man sie innerlich sehr verletzt und ihnen Unrecht getan. Man hat ihnen ihre Würde genommen. Denn man hat ihnen einen Gott gepredigt, der sie nicht sein läßt in ihrer Einmaligkeit und Unantastbarkeit. Oft genug haben auch Eltern die Höllenpredigt mißbraucht, um ihre Kinder zur Raison zu bringen.

Im Tod werden wir unserer eigenen Wahrheit begegnen. Keiner kann an seiner Wahrheit vorbei. Das ist das Gericht, von dem die Tradition spricht. Insofern hat auch dieser Begriff im Zusammenhang mit dem Tod seine Berechtigung. Aber nicht Gott wird von außen her über den Menschen richten. Vielmehr wird der Mensch sich selbst zum Gericht, indem er mit der Wirklichkeit seines Lebens konfrontiert wird. Gericht meint, daß es um das Richtigsein geht. Der Mensch wird aufs neue ausgerichtet nach Gott. Und das kann sehr weh tun. Es ist eine Grundwahrheit, die ins menschliche Herz geschrieben ist, daß die Mörder nicht über ihre Opfer triumphieren dürfen. Es wäre gegen das Gerechtigkeitsempfinden der Menschheit, wenn die Nazi-Schergen am Schluß auch noch über ihre Opfer triumphieren würden. Es muß auch eine ausgleichende Gerechtigkeit geben. Aber wir dürfen sie uns nicht so vorstellen, daß Gott da von außen her Gericht spricht. Vielmehr werden die Mörder der Grausamkeit des eigenen Herzens begegnen und sie vor Gott aushalten müssen. Das wird ein unvorstellbarer Schmerz sein. Aber auch für diese Mörder gibt es im Tod die Möglichkeit zur Umkehr. Wenn sie die Liebe Gottes sehen und wenn sie das Leid sehen, das sie andern zugefügt haben, dann besteht immer noch die Chance, die Opfer um Vergebung zu bitten und sich selbst in die Barmherzigkeit Gottes zu ergeben. Aber es wird keine harmlose Sache sein. Das möchten die drastischen Bilder ausdrücken, wie sie etwa in der Tradition des dies irae immer wieder verwendet werden. Das ist ein Weg durch die Hölle der eigenen Wahrheit, durch die Feuersgluten des Hasses und der Lüge, bis man den Ort der Liebe erreicht. Die christliche Vorstellung vom Fegfeuer räumt der Wiedergutmachung und Läuterung des Menschen im Tod ihren legitimen Raum ein. Wir dürfen uns das Fegfeuer nicht als Ort vorstellen, an dem

Menschen so und so lange ihre Strafen verbüßen müssen, sondern als den Prozeß der schmerzlichen Begegnung, die umso schmerzlicher wird, je weiter jemand seine Wahrheit verfehlt hat. Dabei dürfen wir Gott nicht als Buchhaltergott sehen, der genau Buch führt über alles, was wir getan haben. Vielmehr werden wir so, wie wir geworden sind durch unser Leben, vor Gott treten und die Chance haben, uns für diesen Gott zu entscheiden. Die Entscheidung für Gott bedeutet dann auch, Ja zu sagen zu dem Prozeß der Läuterung, auf den wir uns in der Begegnung mit Gott einlassen.

In der katholischen Tradition haben die Menschen oft um eine gute Sterbestunde gebetet. Das war ein sinnvolles Einüben in das Sterben. Aber es darf nicht zur Angst vor der Verdammnis führen, der ich bei vielen begegne, wenn Verwandte plötzlich durch einen Verkehrsunfall ums Leben kommen. Da taucht oft die Angst auf, daß diese Menschen nicht vorbereitet waren, daß sie nicht gebeichtet haben. Natürlich ist es gut, sich auf den Akt des Sterbens vorzubereiten. Aber wir dürfen auch vertrauen, daß Menschen, die mitten aus dem Leben gerissen werden, dem liebenden Gott begegnen und sich in dieser Begegnung für Gott entscheiden werden. Was wir für sie tun können, ist, für sie zu beten, ihre Entscheidung für Gott im Gebet zu begleiten. Und wichtig ist das Vertrauen in die Barmherzigkeit Gottes, zu der uns Johannes ermutigt: „Wenn das Herz uns auch verurteilt – Gott ist größer als unser Herz, und er weiß alles." (1 Joh 3,20)

Es ist gut und sinnvoll, für die Verstorbenen zu beten. Aber ich habe Probleme, wenn einer nach 20 Jahren noch dafür betet, daß sein verstorbener

Vater aus dem Fegfeuer in den Himmel kommen möge. Wir dürfen den Vorstellungen mancher Seher nicht trauen, die die Seelen vieler Menschen noch nach Jahrzehnten im Fegfeuer sehen. Wir sollten lieber der Bibel und der kirchlichen Tradition trauen, die von dem Gott spricht, der die Toten zum Leben führt. Das Beten für die Verstorbenen hat natürlich immer Sinn. Aber es verwandelt sich. Zu Beginn ist das Beten Fürbitte, daß der Verstorbene sich für Gott entscheidet, daß er den Sprung in die Liebe Gottes schafft. Dann wird es zu einem Gebet, das mich mit dem Verstorbenen verbindet, zu einem Gebet, in dem mir das Geheimnis des Verstorbenen aufgeht, in dem mich der Verstorbene auf das eigentliche Ziel meines Lebens hinweist. Und es wird dann oft auch zu einem Gespräch mit dem Verstorbenen und zu einer Bitte an ihn, mich zu begleiten und mich zu bewahren vor einem Verfehlen meines Lebens, mich zum Geheimnis meines Lebens zu führen. In jeder Eucharistiefeier beten wir für die Toten. Das ist für mich weniger Fürbitte als Totengedenken. Es drückt für mich aus, daß wir nicht alleine Eucharistie feiern, sondern zusammen mit all denen, die wir gekannt haben und die nun bei Gott sind. Die Toten, die nun das ewige Hochzeitsmahl mit Gott feiern, sollen uns Zeichen der Hoffnung sein, daß auch unser Leben gelingen wird. Und sie sollen uns darauf hinweisen, worauf es in unserem Leben letztlich ankommt. Für mich bekommt die Eucharistiefeier immer eine ganz besondere Note, wenn ich mir bewußt mache, daß jetzt die Toten, an die ich gerade denke, mit um den Altar stehen und die Erfüllung meiner Sehnsucht schauen.

Karl Rahner drückt den gleichen Gedanken der Verwandlung unseres Betens für die Verstorbenen in die Fürbitte der Verstorbenen für uns in seiner Predigt zu Allerheiligen aus. Wenn wir an den Gräbern für die Verstorbenen beten, dann – so meint er – ist unser Gebet „nur der Widerhall des Wortes der Liebe, das die heiligen Lebendigen in der Stille ihrer Ewigkeit uns leise ins Herz sagen" (Rahner, Kirchenjahr 142). Und er legt den von uns geliebten Verstorbenen das Gebet in den Mund: „Herr, gib ihnen, die wir in deiner Liebe lieben wie noch nie, gib ihnen, die noch fern von uns den mühseligen Pilgerweg zu uns in dein Licht gehen, gib ihnen, denen wir schweigend nahe sind wie noch nie, mehr als damals, da wir noch mit ihnen auf Erden weilten und kämpften. Herr, gib auch ihnen nach ihres Lebens Kampf die ewige Ruhe, und dein ewiges Licht leuchte auch ihnen wie uns, jetzt als Licht des Glaubens und dann in Ewigkeit als Licht des seligen Lebens." (Ebd. 142)

III. Das Leben in der Vollendung

Die Bibel beschreibt in vielen Bildern das Geheimnis der Auferstehung. Aber schon vor der Bibel stoßen wir auf zahlreiche Zeugnisse über die Existenz des Menschen nach seinem Tode. Es ist ein Urbedürfnis des Menschen, sich darüber Vorstellungen zu machen, was ihn nach dem Tod erwartet. Da gibt es die philosophische Lehre von der Unsterblichkeit der Seele, die zeigt, daß im Menschen etwas Unzerstörbares ist. Diese Überzeugung wird in allen Völkern und Religionen auf je verschiedene Weise ausgedrückt. Am eindrücklichsten wurde sie wohl von Plato formuliert, der von der Unsterblichkeit der menschlichen Seele spricht, die den Tod überdauert, während der Leib zerstört wird. Bei vielen Völkern findet man den Brauch, den Toten etwas ins Grab zu legen, was ihnen im jenseitigen Leben gut tun soll. Überall steht die Überzeugung dahinter, daß die Toten weiterleben und daß es gut für die Lebenden ist, mit ihnen in guter Beziehung zu stehen.

Als Christen glauben wir nicht nur an die Unsterblichkeit der Seele, sondern daran, daß Gott selbst in der Auferstehung der Toten an uns wirkt und uns verwandelt und erneuert. Deshalb sprechen wir nicht einfach vom Fortleben nach dem Tod, als ob das ganz natürlich sei, sondern von der Auferstehung, bzw. Auferweckung der Toten. Aber wir dürfen uns die Auferstehung der Toten auch nicht so abstrakt vorstellen, wie es manche evangelischen Theologen getan haben, die vom Ganztod sprechen. Sie glauben, daß der Mensch ganz und gar stirbt und daß es keine Kontinuität zwischen dem Tod und der Auferstehung gebe. Sie setzen die biblische Auferstehung dem griechischen Glauben an die unsterbliche Seele gegenüber. Das Anliegen, daß wir den biblischen Begriff der Auferweckung nicht einfach mit Fortleben nach dem Tod verwechseln, kann ich akzeptieren. Aber für mich gibt es durchaus eine Verbindung der griechischen Unsterblichkeitshoffnung mit dem biblischen Glauben an die Auferstehung der Toten. Ich glaube daran, daß ich als Person auch im Tod nicht aus der Liebe Gottes herausfallen werde, daß Gott mich im Tod auferweckt und verwandelt zu der Gestalt, die er uns in der Bibel verheißen hat. Für mich ist die Auferstehungshoffnung begründet in der Gewißheit des hl. Paulus: „Weder Tod noch Leben, weder Engel noch Mächte ... können uns scheiden von der Liebe Gottes, die in Christus Jesus ist, unserem Herrn." (Röm 8,38f) Weil Gott mich liebt, bin ich als Person und weil die Liebe Gottes den Tod übersteigt, werde ich als Person auch im Tod nicht vernichtet. Es gibt in mir etwas Todüberdauerndes, das einmalige Bild, das Gott sich von mir gemacht hat, den inneren, vom Lärm dieser Welt unberührten Raum der Stille, in dem Gott in mir wohnt. Die Wohnung Gottes in mir wird durch den Tod nicht vernichtet, sondern nur verwandelt.

1. Mit Leib und Seele auferstehen

Am Fest Mariä Himmelfahrt feiern wir die leibliche Aufnahme Mariens in den Himmel. Wir feiern in Maria, was für uns alle gilt. Maria ist das Bild des erlösten Menschen. Das Fest will uns also vor Augen führen, was wir alle im Credo bekennen, daß wir an die Auferstehung des Fleisches und das ewige Leben glauben. Wir haben nicht nur eine unsterbliche Seele. Wir werden vielmehr mit Leib und Seele in den Himmel aufgenommen.

Die Frage ist, wie wir das verstehen sollen. Früher meinten manche Theologen, daß die Seele im Tod vom Leib getrennt werde und für sich weiterleben werde. In der Auferstehung der Toten am Ende der Welt würde dann die Seele wieder mit dem Leib verbunden. Heute sieht das die Theologie anders. Der Mensch als ganzes stirbt. Der Tod betrifft Leib und Seele. Leib (soma) im biblischen Sinn meint nicht den Körper, sondern den Menschen, insofern er in dieser Welt lebt, insofern er mit andern Menschen zusammen existiert, sein Selbst, seine Person mit ihrer konkreten Geschichte. Diese unsere Person fällt im Tod nicht aus der Liebe Gottes heraus. Ewiges Leben heißt für Johannes, daß wir in der liebenden und glaubenden Beziehung Gottes geborgen sind und auch im Tod nicht daraus herausfallen werden. Gottes Liebe ist es letztlich, die unsere Ewigkeit bewirkt. Nach dem Johannesevangelium hat jeder, der an Christus glaubt, jetzt schon das ewige Leben (Vgl. Joh 3,15f). Wir haben jetzt schon teil an der Auferstehung, nicht erst am Jüngsten Tag. Das will uns Johannes mit der Auferweckung des Lazarus deutlich vor Augen führen. Jesus sagt zu Marta: „Ich bin die Auferstehung und das Leben. Wer an mich glaubt, wird leben, auch wenn er stirbt, und jeder, der lebt und an mich glaubt, wird auf ewig nicht sterben." (Joh 11,25f)

Im Dogma von der leiblichen Aufnahme Mariens in den Himmel hat die katholische Kirche bekannt, daß wir mit Leib und Seele auferstehen werden. Dabei sehen die meisten Theologen die Auferstehung des Menschen unmittelbar nach dem Tod. Das jüngste Gericht, von dem die Bibel spricht, ist nicht ein eigener Akt Gottes am Ende der Zeiten. Das Bild des jüngsten Gerichtes zeigt nach Kardinal Ratzinger „den mitmenschlichen

Charakter der menschlichen Unsterblichkeit an, die in Beziehung steht zur gesamten Menschheit, von der, zu der hin und mit der der einzelne gelebt hat und daher selig oder unselig wird". (Ratzinger 292) Der jüngste Tag am Ende der Zeiten macht nur offenbar, was im Tod des einzelnen geschieht. Rahner versteht es so, daß durch den Tod des einzelnen ein Stück Welt verwandelt und in die Ewigkeit Gottes hineingehalten wird. „Die Welt wächst in und durch die leibgeistigen Personen, deren Leib sie gewissermaßen ist, durch deren Tod langsam in ihre eigene Endgültigkeit hinein" (Theologie 28). Und der Neutestamentlicher G. Lohfink drückt es so aus: „Indem ein Mensch stirbt und eben dadurch Zeit hinter sich läßt, gelangt er an einen 'Punkt', an dem die ganze übrige Geschichte 'gleichzeitig' mit ihm an ihr Ende kommt." (Breuning 887) Im Tod jedes Menschen geschieht also jüngster Tag, da wird die Zeit jung, von Gott her erneuert. Und der Tod jedes Menschen ist das Ende unserer Zeit, da kommt ein Stück Geschichte zu Ende. Was die Bibel in den vielen kosmischen Bildern vom Jüngsten Tag ausdrückt, meint das Offenbarwerden dessen, was im Tod der einzelnen jetzt schon geschieht. Dabei zeigen die kosmischen Bilder, daß das ewige Leben mit der ganzen Schöpfung zu tun hat. Auferstehung des Fleisches meint gerade auch Hoffnung für die Pflanzen und Tiere, Hoffnung für die gesamte Natur. Wenn wir mit Leib und Seele zu Gott kommen, dann gehört dazu auch unser Bezug zur Schöpfung.

Allerdings darf man sich das Ende der Welt nicht bloß auf der gesellschaftlichen und kosmischen Ebene denken. Vielmehr drückt es auch eine innere Erfahrung aus. Im Tod kommt die Welt mit ihren Gesetzen von Anerkennung und Leistung an ein Ende. Da wird die Welt mit ihren Maßstäben, daß die Stärkeren über die Schwächeren siegen, entmachtet. Da hat die Vergänglichkeit und Sterblichkeit, da hat die Not und Plage ein Ende: „Der Tod wird nicht mehr sein, keine Trauer, keine Klage, keine Mühsal. Denn was früher war, ist vergangen." (Offb 21,4) Das Reich Gottes wird sichtbar. Gott wird in allem und durch alles hindurch offenbar. Er wird alles durchdringen und bestimmen. Überall wird Himmel sein, weil die ganze Welt, Pflanzen und Tiere, die Menschen mit Leib und Seele, die Völker und Nationen von Gottes Geist erfüllt sind und Gott widerspiegeln.

Wie sollen wir verstehen, daß wir mit Leib und Seele in den Himmel aufgenommen werden? Der Leib gehört wesentlich zum Menschen, zu unserer Person, zu unserer Geschichte, zu unserem Mitsein. Im Leib sammeln sich alle Erfahrungen, die wir während unseres Lebens machen. Der Leib ist der Gedächtnisspeicher, in dem sich Freuden und Schmerzen, Ekstase und Verzweiflung, Liebe und Haß einprägen. Im Leib drücken wir unsere Gefühle aus. Lieben heißt immer auch, leibhaft lieben. Das gilt nicht nur für den Höhepunkt menschlicher Liebe in der sexuellen Vereinigung, sondern für jede Liebestat, die immer leibhaft ist, ja auch für jedes Gefühl der Liebe, das sich im Leib ausdrückt. Mit dem Leib können wir zärtlich sein oder hart. Im Leib empfinden wir Trauer und Freude, Schmerz und Lust. Der Leib ist das Tor zum andern. Durch dieses Tor müssen wir schreiten, wenn wir Verbindung mit einem andern Menschen aufnehmen wollen. Gemeinschaft geht immer über den Leib. Wenn wir mit Leib und Seele in den Himmel kommen, dann heißt das, daß alle unsere Erfahrungen, die wir während unseres Lebens hier auf der Erde machen, daß unsere Beziehungen, unsere Liebe, unsere Sehnsucht, unsere Hoffnung, in Gott hinein aufgenommen und für ewig gerettet werden. Im Tod verläßt die Seele nicht den Leib, um ewig bei Gott zu sein, sondern der ganze Mensch wird in Gott hinein aufgenommen. Der Mensch mit seiner Sinnlichkeit wird zu Gott kommen. Und der Mensch, der weiterhin Kommunikation erfährt, der solidarisch ist mit den andern Menschen. Daher spricht die Tradition von der Gemeinschaft der Heiligen. Der Himmel ist nicht die selige Schau Gottes, die jeder für sich genießt, sondern das Fest der Menschen, die gemeinsam Gott loben und das ewige Hochzeitsmahl feiern.

Dabei können wir uns kaum vorstellen, daß die vielen Menschen, die je gelebt haben, alle die Gemeinschaft der Heiligen bilden. Wir müssen die Spannung aushalten, daß wir uns einerseits freuen dürfen, bestimmte Menschen im Himmel wieder zu sehen und mit ihnen für immer Gemeinschaft erfahren dürfen. Auf der andern Seite bleibt es unvorstellbar, wie die vielen Menschen miteinander Gott loben sollen. Und wir können es auch kaum verstehen, daß da im Himmel alle Feindschaft zu Ende ist, daß es da keine Eifersucht, keine Konkurrenz, keine Rivalität mehr gibt. Die Kirchenväter haben beschrieben, wie da alle einmütig Gott preisen können und in die Chöre der Engel mit einstimmen. Für mich ist etwas Tröstliches in der Verheißung, daß wir die geliebten Menschen im Tod wiederfinden und daß wir auch mit den Heiligen Gemeinschaft erfahren dürfen, die uns während unseres Lebens ans Herz gewachsen ist. Ich sehne mich nicht nur, im ewigen Leben Gott zu schauen, sondern auch danach, einen heiligen Augustinus, einen hl.

Anselm, eine hl. Teresa von Avila und eine selige Edith Stein zu sehen und an ihnen Teil zu haben. Aber zugleich muß ich mir immer wieder eingestehen, daß ich mir es letztlich nicht vorstellen kann, wie das sein wird. Ich frage mich dann immer wieder: Was heißt es, im Tod zu Gott zu kommen, den Himmel zu erfahren, die Gemeinschaft der Heiligen zu erleben, gemeinsam mit den Menschen vor und in Gott zu sein, die mir wichtig geworden sind? Vielleicht ist es nur so vorstellbar, daß alle Menschen von Christus, dem Sohn Gottes, vereint und zu einem einzigen werden und mit Ihm und in Ihm mit einer Stimme Gott loben. Christus, der Leib der Kirche, der alle Menschen zusammenfaßt, wird gemeinsam mit allen Menschen das Wort der Liebe in alle Ewigkeit zum Vater sprechen (Vgl. Breuning 889). Und in diesen Dialog der Liebe werde ich im Tod für immer aufgenommen.

Mit Leib und Seele in den Himmel kommen, das bedeutet nicht, daß dieser Leib, in dem wir jetzt leben, ewig fortleben wird, daß etwa der Amputierte ewig so sein wird. Der Leib, den wir mit uns herumtragen und an dem wir oft genug auch leiden, wird im Grab verwesen. Der Leib, mit dem wir im Himmel sein werden, wird ein himmlischer Leib sein, wie der hl. Paulus sagt, ein verwandelter Leib. Paulus spricht vom geistlichen Leib, von dem Leib, der ganz und gar vom Geist durchdrungen und verwandelt ist. Und der ist zunächst einmal für uns unvorstellbar. Aber es wird ein Leib sein, der mit seinen Sinnen fühlen und spüren, lieben und sich freuen kann. Der hl. Augustinus sagt, wir sollten hier auf Erden in der Askese, im Fasten, gut mit unserm Leib umgehen, weil er für die Auferstehung bestimmt ist. Im Fasten können wir etwa erleben, daß wir durchlässig sind für Gott. Wenn ich ganz in meinen Sinnen bin, dann taucht da eine Ahnung auf, wie der Leib im Himmel sein wird, daß ich da ganz in meinem Leib und ganz in Gott bin, daß ich da mit allen Sinnen Gott erspüren darf. So wie der Leib verwandelt wird, wird der ganze Mensch im Tod verwandelt. Er wird nun für immer in das unverfälschte Bild Gottes verwandelt, in das Bild Seiner Herrlichkeit. Dann wird unser Leib das reine Bild Gottes nicht mehr verstellen. In ihm wird dieses je einmalige Urbild, das Gott sich von jedem Menschen macht, sichtbar. Es wird ein Leib sein, der ganz und gar das Innere ausdrückt.

Daß wir mit Leib und Seele auferstehen werden, sagt noch etwas anderes. Wir werden im Tod nicht in einen rein geistigen Raum hinein sterben. Der Leib besagt, daß wir auch nach dem Tod noch einen Bezug zu dieser Welt haben, nicht nur einen Bezug zur Gemeinschaft der andern Menschen, zur Gemeinschaft der Heiligen, sondern einen Bezug zu dieser Welt, zur Schöpfung, zur Natur und zu den jetzt lebenden Menschen. Wie wir uns diesen Weltbezug vorstellen sollen, kann ich nur schwer erklären. Aber in allen Religionen wird von diesem Weltbezug gesprochen. So beschwichtigen manche afrikanischen Stämme ihre Toten, damit sie keinen Schaden anrichten. Das ist sicher keine christliche Auffassung. Wir brauchen keine Angst zu haben vor den Totengeistern, wie das in manchen Religionen der Fall ist. Aber es gehört wohl auch zu unserem Leben, daß wir die Verbindung mit den Toten pflegen. In der Heiligenverehrung haben wir eine Tradition guter Beziehung zu den Toten entwickelt. Wir glauben, daß die Heiligen eine positive Wirkung auf uns haben, wenn wir zu ihnen beten. Die Schweizer glauben, daß sie bis heute vom Krieg verschont sind, weil ihr Nationalpatron, der hl. Klaus von der Flüe, für sie eintritt.

Wir müßten uns heute nur Gedanken machen, welche Beziehung die Toten, die ja mit Leib und Seele zu Gott kommen und mit ihrem Leib weiterhin Teil der Schöpfung sind, zu uns und unserer Welt haben. Vielleicht könnte daraus ein guter Dialog entstehen mit den Reinkarnationsauffassungen des Ostens, die ja auch um diese Frage kreisen. Rahner und Boros haben mit ihrer Philosophie des Todes versucht, diesen Weltbezug der Verstorbenen aufzuzeigen. Sie sprechen davon, daß die Seele im Tod zu sich findet, daß sie in eine neue Beziehung zum persönlichen Leib, aber auch zum Kosmos als ganzem gelangt. Für Boros ist der Tod „ein Hinuntersteigen zu dem zentralen Mutterboden, zu der wurzelhaften Einheit der Welt, wo alles verknotet und eins ist, wo alle raumzeitlichen Dinge zusammengeknüpft sind und wie aus einer Wurzel leben, in das Unterste und Tiefste aller Sichtbarkeit". (Boros 87) Wie immer man die totale Weltpräsenz der Geistseele im Tod verstehen möchte, auf jeden Fall bekommen die Toten offensichtlich eine neue Beziehung zur Welt. Was wir von den Heiligen glauben, daß sie uns helfend und begleitend zur Seite stehen, das dürfen wir von allen Toten erhoffen. Das heißt aber auch, daß unser Sein für diese Welt und für die Menschen, die wir lieben, im Tod nicht einfach aufhört, sondern nur auf neue Weise wirksam und erfahrbar wird.

2. Die Beziehung zu den Toten

Der Tod ist immer auch Beziehungsgeschehen. Er verändert und verunsichert die Beziehung der

Eltern und Kinder, der Ehepartner, der Freunde. Viele haben Schuldgefühle, wenn ein Mensch stirbt, den sie geliebt haben und dem sie einiges schuldig geblieben sind. Bei jedem Tod eines vertrauten Menschen taucht die Frage auf, was wir versäumt haben, was wir noch mit ihm hätten besprechen sollen, wo wir ihm weh getan haben, wo wir an ihm vorbeigelebt haben. Manche sind dann untröstlich und machen sich immer Vorwürfe, daß sie den Verstorbenen verletzt haben. Und sie stellen sich vor, daß der nun ewig daran leidet. Natürlich brauchen wir den Trauerprozeß, um vom Verstorbenen Abschied zu nehmen. Wir müssen in der Trauer uns auch mit unserer Schuld auseinandersetzen, um den Verstorbenen loslassen zu können, um versöhnt an ihn denken zu können. Aber wir dürfen uns auch vorstellen, daß der andere jetzt im Frieden Gottes ist, daß er nicht mehr unter den Wunden leidet, die wir ihm geschlagen haben. Vielmehr ist er jetzt ganz zu sich gekommen. Er sieht uns von einer ganz anderen Warte aus. Er versteht, daß wir eben auch nur Menschen sind, verletzte Kinder, die andere wieder verletzen. Der Tote trägt uns nichts mehr nach. Er leidet nicht mehr an den Wunden, die wir ihm geschlagen haben, an den Versäumnissen und Mißverständnissen. Er ist in der Vollendung, im Frieden. Aber wir können mit ihm nur wieder eine neue und gute Verbindung aufnehmen, wenn wir unsere Schuld ihm gegenüber angeschaut und in die Vergebung Gottes hineingehalten haben.

Von den Heiligen sagt die Kirche, daß sie in Gott hinein gerettet sind. Das glauben wir auch von den Toten, die wir persönlich gekannt haben. Sie sind bei Gott und treten bei Gott für uns ein. Sie sind für uns Vorbilder und Fürsprecher. Wir können uns im Gebet an sie wenden. Das heißt, die Toten sind nicht einfach entschwunden. Wir dürfen eine neue Beziehung zu ihnen aufnehmen. Sie können zu unserem Begleiter werden, der uns auf das Eigentliche hinweist. Ich habe es öfter erlebt, daß der überlebende Ehepartner eine neue und gute Beziehung zu seinem verstorbenen Partner aufgenommen hat, daß da eine Gewißheit von seiner Nähe, von seiner Hilfe, von seiner Begleitung gewachsen ist. Aber bis so eine neue Beziehung zum Verstorbenen wachsen kann, braucht es Zeit und es braucht die Trauerarbeit der Lebenden. Denn es gibt auch viele Fehlformen von Beziehungen zwischen Lebenden und Toten. Da halten manche auf unreife Weise am Verstorbenen fest. Da darf in seinem früheren Zimmer nichts geändert oder umgestellt werden. Da wird ein Kult mit Zeichen der Erinnerung getrieben. Da wird ständig das Vergangene wiederholt. Man bleibt in der Vergangenheit und möchte sie festschreiben. Der Tote ist aber nun bei Gott, in der ewigen Zukunft. Wir müssen das Bild, das wir gekannt haben, loslassen, um das unverfälschte Bild zu entdecken, in das er im Tod hineingestorben ist. Um dieses ursprüngliche Bild zu entdecken, das der Tote jetzt darstellt, kann es natürlich helfen, immer wieder die Vergangenheit zu meditieren, sich zu fragen, was den Toten eigentlich getragen hat, was ihn im Tiefsten bewegt und umgetrieben hat, was er mit seinem Leben vermitteln wollte, was der tiefere Sinn seines Lebens war. Aber dann müssen wir eine neue Beziehung zu dem Menschen aufnehmen, wie er jetzt durch Tod und Auferstehung geworden ist. Was möchte er mir jetzt sagen? Was ist seine Botschaft in meine konkrete Situation hinein? Was ist sein tiefstes Wesen?

Trauern heißt nicht, daß wir in unserem Schmerz über den Verlust geliebter Menschen stecken bleiben. Trauern ist vielmehr etwas Aktives. In der Trauer nehme ich Abschied von Menschen, die mir nahe standen, die ich geliebt habe. In der Trauerarbeit kläre ich meine Beziehung zum Toten. Und ich suche nach einer neuen Beziehung zu ihm. Diese Suche nach einer neuen Beziehung geht über das Erzählen. Wir erzählen einander, was uns der Tote bedeutet hat, was er in seinem Leben dargestellt hat, welche Erfahrungen wir mit ihm geteilt haben. Das Ziel der Trauerarbeit ist, einen neuen Bezug zu sich selbst und zur Welt zu finden. Die Psychologin Verena Kast, die die Phasen der Trauerarbeit beschrieben hat, meint, der Verstorbene würde durch die Trauer hindurch zu einer inneren Figur, zu einem inneren Begleiter für uns. Was der Verstorbene gelebt hat, wird unsere eigene Möglichkeit. Wir akzeptieren den Verlust, weil wir wissen, daß uns der Verstorbene reich beschenkt hat und daß er uns geholfen hat, die Gestalt zu leben, die für uns selbst bestimmt ist. Viele überspringen heute die Trauer um geliebte Menschen. Sie stürzen sich in Geschäftigkeit, um dem Schmerz der Trauer aus dem Weg zu gehen. Doch die ungelebte Trauer blockiert uns, sie setzt sich in unserem Herzen fest und hält uns davon ab, im Augenblick zu leben, sie hindert uns daran, daß das Leben in uns fließen kann. Bei jedem von uns gibt es Erfahrungen von Verlust und Abschied. Nur wenn wir den Verlust eines Menschen betrauern, kann neues Leben in uns wachsen. Nur durch die Trauer hindurch können wir eine neue Beziehung zu den Menschen aufnehmen, die uns verlassen haben.

Der Trauerprozeß durchläuft normalerweise vier verschiedene Stufen. Da ist das Verleugnen des Todes. Man will ihn nicht wahrhaben. Es kann doch nicht wahr sein. Viele verdrängen den Verlust eines lieben Menschen, indem sie sich voll auf die Organisation der Beerdigung konzentrieren. Dann kommt das Erinnern. Immer wieder erzählt man sich, was man mit dem Toten erlebt hat. Manche verklären dann den Toten, um die negativen Gefühle, die ja immer auch mit hochkommen, nicht wahrhaben zu müssen. In manchen Familien verstummt man miteinander. Da traut man sich nicht, die Erinnerungen auszutauschen. Das blockiert die Trauer und führt zu Blockaden, die dann oft Jahre später in einer Therapie aufgearbeitet werden müssen. Viele verweigern diesen Schritt des Erzählens auch deshalb, weil da eben nicht nur positive Gefühle hochkommen, sondern oft genug Schuldgefühle und Wut. Sie erschrecken über Wut und Eifersucht, die der Tod eines geliebten Menschen in ihnen auslöst. Sie verbieten sich diese Gefühle und empfinden sie als unpassend. Aber alle diese Gefühle haben ihren Sinn und sie wollen und müssen angeschaut und bearbeitet werden. Da ist eine Frau wütend, daß der Mann sie mit ihren drei Kindern allein gelassen hat. Er hat es jetzt gut. Er ist im Himmel, aber sie darf sich nun allein abquälen. Sie hat niemanden mehr, mit dem sie über die Kinder und ihre Probleme sprechen kann, niemanden, an den sie sich anlehnen, auf den sie sich stützen kann. Manchmal ist es auch Neid, der aufsteigt, wenn der Tote etwa am Grab von vielen Menschen in den höchsten Tönen gelobt wird, wenn er viele Bekundungen von Anteilnahme und Wertschätzung erfährt. Man kann es dann kaum aushalten, daß er soviele Blumen bekommt, wo er einem das Leben so schwer gemacht hat. Um ihn kreisen alle und man selbst steht allein. Auf der andern Seite tauchen Schuldgefühle auf. Was habe ich versäumt? Wo habe ich ihn verletzt? Wo habe ich ihn verkannt und an ihm vorbeigelebt? Wo habe ich übersehen, wer der andere eigentlich ist? Manchmal versuchen die Hinterbliebenen durch eine besonders feierliche Beerdigung ihre Schuld abzutragen. Aber die Schuld läßt sich nicht durch hohe Ausgaben für die Beerdigung abbezahlen. Sie muß angeschaut und durchgearbeitet werden.

Viele erschrecken, daß sie am Grab gar nicht trauern können. Sie sind durch den Verlust lieber Menschen so verletzt, daß sie den Schmerz gar nicht spüren. Sie kommen sich gefühllos, starr, leblos, vor. Manchmal ist diese innere Erstarrung ein Schutz, um nicht zusammenzubrechen vor der Wucht des Schmerzes. Bei ihnen kommt die Krise oft ein halbes Jahr später. Dann müssen sie sich der Trauer stellen. Bei manchen kann es sogar Jahre dauern, bis sie sich in einer Therapie dem Tod ihrer Eltern stellen können. Andere haben ganz bestimmte Vorstellungen, wie sie sich nach dem Tod eines Menschen verhalten sollten, welche Gefühle der Dankbarkeit und der Trauer sie haben müßten. Und dann wundern sie sich, daß ganz andere Gefühle hochkommen, Wut, Neid, Eifersucht oder aber ein abgrundtiefer Schmerz, den man nicht aushalten kann. Jeder muß sich irgendwann diesen Gefühlen stellen und den Prozeß der Trauer durchschreiten. In der Trauer kann er dann langsam Abschied nehmen vom Verstorbenen und er kann in eine neue Beziehung zu ihm treten, in eine realistischere, oft sogar heilsamere Beziehung als zu seinen Lebzeiten. Auch hier ist der Glaube wichtig, daß es nie zu spät ist. Es hat keinen Zweck, sich immer nur vorzuhalten, was man versäumt hat. Jetzt noch kann ich eine neue und gute Beziehung zu verstorbenen Eltern, Partnern oder Freunden aufbauen, die für meine Zukunft tragfähig sein kann. Es ist mit dem Tod nicht alles aus, auch nicht in unserer Beziehung. Auch sie kann neu werden, wenn wir daran arbeiten.

Daß eine neue Beziehung zum Verstorbenen wächst, zeigt uns oft der Traum. Viele träumen unmittelbar nach dem Tod eines geliebten Menschen immer wieder vom Verstorbenen. Manchmal läßt sich in diesen Träumen eine Bewegung beobachten. Da herrschen zu Beginn dieser Träume Szenen vor, in denen man dem andern Vorwürfe macht, daß er einen verlassen hat. Oder es gibt irgendwelche Streitgespräche, Gespräche, die nicht so harmonisch ausgehen. Und dann gibt es nach einiger Zeit Träume, in denen der Verstorbene dem Lebenden sagt, daß es ihm gut gehe, daß er im Frieden sei, daß alles gut ist. Eine junge Frau erzählte mir von einer Reihe von Träumen, die sie unmittelbar nach dem tödlichen Unfall ihrer Freundin hatte. Es war erstaunlich, daß genau nach 6 Wochen ein Traum kam, daß die Freundin in Frieden sei und daß alles gut sei. Auch hier bestätigten sich die 40 Tage, die nach allgemeiner Ansicht für die Verwandlung des Menschen im Tod gelten.

Dann gibt es Träume von längst Verstorbenen. Da begegnen wir etwa dem verstorbenen Vater oder der verstorbenen Mutter, oder aber Menschen, die man von früher her gekannt hat. Normalerweise zeigen uns diese Träume, daß wir neu Verbindung mit dem Toten aufnehmen sollten, daß er uns gerade jetzt ein guter Begleiter sein könnte, daß wir in unserer momentanen Situation etwas von dem brauchen könnten, was der andere gelebt und dargestellt hat. Manchmal erinnern uns solche Träume auch noch an unerledigte Auseinandersetzungen mit dem Toten. Wir müssen noch bewußt Abschied von ihm nehmen.

Vielleicht haben wir diesen Abschied unmittelbar nach dem Tod dieses Menschen übersprungen, weil wir zu sehr mit der Regelung der Beerdigung und der Bewältigung des Lebens beschäftigt waren. Eine Frau erzählte mir, daß sie immer wieder von ihren verstorbenen Großeltern geträumt habe. Im Traum lagen sie im Sarg, aber sie wußte, daß sie noch nicht tot waren. Jedesmal erschrak die Träumende, als man den Sargdeckel zumachen wollte. Aber sie brachte im Traum kein Wort hervor. Ich lud sie ein, in einer aktiven Imagination diesen Wiederholungstraum weiter zu träumen. Vielleicht möchten ihr die Großeltern noch etwas Wichtiges sagen. In der Imagination konnte die Frau hören, was ihr die Großeltern für eine Botschaft mitteilten. Von da an hörten diese Träume auf. Es war noch etwas unerledigt in der Beziehung zwischen dieser Frau und ihren verstorbenen Großeltern. Und zugleich hatten die Großeltern noch eine wichtige Botschaft für die Frau. Sie konnte noch nicht Abschied nehmen, weil sie die Botschaft der Verstorbenen noch nicht vernommen hatte.

Die Träume von Verstorbenen weisen uns oft auf die Beziehung hin, die wir nochmals anschauen müssen. Das gilt vor allem von Träumen, in denen die Verstorbenen einen traurigen Eindruck machen und ihnen etwas fehlt, wo sie zu uns sprechen möchten und nicht können. Andere Träume von Verstorbenen zeigen uns die eigenen Wurzeln, die die Toten für uns darstellen. Wir haben teil am Reichtum ihrer Erfahrung, an ihrer Liebe, an ihrer Kraft, an ihrer Art, das Leben zu meistern. Diese Träume zeigen uns, daß es auch nach dem Tod eine lebendige Beziehung zwischen Menschen gibt, die sich lieben, daß der Tod keine absolute Grenze zwischen den Liebenden ist. Im

Traum erscheinen uns die Verstorbenen als hilf-
reiche Begleiter oder als Menschen, die uns auf
etwas hinweisen möchten, was wir sonst übersehen würden. Auf jeden Fall sind Träume von
längst Verstorbenen immer eine Einladung, sich
neu mit den Toten zu beschäftigen. Genauso wie
wir zu den Heiligen beten, können wir uns im
Gebet auch an die Verstorbenen wenden, die wir
gekannt haben. Das Gebet verbindet uns nicht
nur mit Gott, sondern auch mit den Toten, die
nun unwiderruflich bei Gott sind. Manche führen
im Gebet auch ein Gespräch mit dem verstorbenen Gatten. Es ist aber kein Festhalten an ihm,
vielmehr ist das Gespräch vom Glauben an Gott
geprägt, bei dem der Verstorbene nun ist und von
dem allein her uns Hilfe kommen kann. Für mich
selbst ist die Eucharistiefeier immer wieder auch
der Ort, an dem ich in Verbindung mit den Toten
trete, vor allem mit meinem verstorbenen Vater
und mit Mitbrüdern, die mir auf meinem Weg
wichtig geworden sind. Eucharistie ist ja ein Toten-
mahl, bei dem wir teilhaben am ewigen Hochzeitsmahl, das die Verstorbenen jetzt im Himmel
mit Gott feiern. Für die frühe Kirche war Liturgie
immer auch Teilhabe an der himmlischen Liturgie, das heißt aber Erfahrung der Gemeinschaft
der Heiligen, die uns im Tod vorausgegangen
sind. Und ich spüre manchmal etwas von der
Vorfreude, die Verstorbenen wieder zu sehen, die
mir ans Herz gewachsen sind. Wenn wir beim
Sanctus einfallen in den Chor der Engel, stelle ich
mir oft vor, daß da all die Menschen mitsingen, die
nun bei Gott sind und durch die schon ein Stück
von mir bei Gott ist.

Jesus sagt in seiner Abschiedsrede, daß er in seinem Tod hingehen werde und uns bei Gott eine
Wohnung bereite. „Wenn ich gegangen bin und

einen Platz für euch vorbereitet habe, komme ich wieder und werde euch zu mir holen, damit auch ihr dort seid, wo ich bin." (Joh 14,3) Was Jesus von sich und seinem Tod sagt, könnten wir auch auf den Tod uns lieber Menschen anwenden. Sie gehen hin, um uns eine Wohnung bei Gott zu bereiten. Sie nehmen das, was wir mit ihnen geteilt haben, mit zu Gott. Die Gefühle, die wir zueinander spürten, die gemeinsamen Erfahrungen, Gespräche, Schmerzen und Freuden werden durch den Tod des lieben Menschen hineingehoben in den ewigen Raum Gottes. Ein Teil von uns ist durch den Verstorbenen schon bei Gott. Wenn wir sterben, werden wir nicht in etwas völlig Fremdes hineinsterben, sondern in einen uns vertrauten Raum, in die Wohnung, die uns die Verstorbenen schon bereitet haben, in die sie schon ein Stück von uns mitgenommen haben. Je mehr Menschen sterben, die wir gekannt haben, desto mehr von uns lebt schon in der ewigen Wohnung.

3. Reinkarnation

Viele Christen lassen sich heute von der Reinkarnationslehre überzeugen. Sie glauben, daß sie im Tod nicht ein für allemal in die Hände Gottes hinein sterben, sondern daß sie immer wieder geboren werden, bis sie sich so geläutert haben, daß sie reif sind für den Himmel. Inbezug auf die Reinkarnationslehre herrscht große Verwirrung. Daher ist es zunächst einmal wichtig, genau zu beschreiben, was damit gemeint ist. Ich habe Achtung vor jeder echten Tradition, auch vor der Tradition der Reinkarnation, wie sie im Buddhismus und Hinduismus gelehrt wird. Beide Religionen möchten mit dem Modell der Reinkarnation auf wichtige Erfahrungen eine Antwort geben. Und es täte uns Christen gut, uns aktiv mit diesem Modell auseinander zu setzen. Es geht heute nicht mehr darum, nur die eigene Meinung gegenüber den andern Religionen zu verteidigen. Wir können voneinander lernen. Letzte Gewißheit haben wir nicht, was im Tod wirklich geschieht. Daher hat auch das Modell der Reinkarnation eine gewisse Berechtigung. Allerdings bin ich selbst skeptisch gegenüber Modellen, die nicht den großen Traditionen entsprechen, sondern die nach eigenem Geschmack und Gutdünken selbst konstruiert sind. Eine solch konstruierte Lehre sehe ich in der Reinkarnationsvorstellung, wie sie Rudolf Steiner entwickelt hat. Seine Lehre von Reinkarnation ist für mich eine Verfälschung der großen Traditionen. Sie ist für mich ein Konstrukt, das zwar unseren Wünschen, aber nicht den Erfahrungen der Völker und Religionen entspricht. Wenn Christen an die Reinkarnation glauben, so meistens an das typisch westliche Modell, in dem Reinkarnation vom Leistungsdenken her konzipiert ist. Wir müssen uns immer weiter entwickeln, bis wir ganz lauter sind und würdig, in Gott hinein verwandelt zu werden. Aber dieses Modell ist für mich absolut nicht ansprechend. Da glaube ich lieber an die Auferstehung und das ewige Leben. Ich möchte im Tod zu Gott kommen und nicht noch einmal von vorne anfangen.

Die Gründe, warum die Reinkarnationslehre auf soviele Jünger stößt, ist einmal die Unanschaulichkeit, mit der die christliche Theologie auf das Thema Leben nach dem Tod geantwortet hat. Zum andern ist es die Weigerung, heute etwas für verbindlich zu halten. Die Reinkarnation läßt immer noch ein Tor offen. Ich kann es ja nochmals probieren. Sie weigert sich, die Einmaligkeit und Endgültigkeit unseres Lebens zu bejahen. Sie schiebt die endgültige Entscheidung für oder gegen Gott immer wieder hinaus. Und dann gibt es einige Erfahrungen, die sich durch das Modell der Reinkarnation gut erklären lassen. Diese Erfahrungen müssen wir ernst nehmen und uns fragen, ob wir sie auch von andern Vorstellungen her, die mit unserer christlichen Tradition übereinstimmen, verständlich machen können, etwa die Erfahrung, daß wir nie gelernte Sprachen sprechen, daß wir nie gesehene Landschaften und Städte wieder erkennen, usw.

Wichtig ist mir, daß wir erst genau hinsehen, was die Religionen unter Reinkarnation wirklich verstehen. Denn in jeder Religion hängt die Vorstellung vom Leben nach dem Tod auch mit dem Gottes- und Menschenbild zusammen. Im Buddhismus ist Reinkarnation ein Fluch und nicht das Ziel unseres Lebens. Der Buddhist sehnt sich nach der Erlösung, nach der Lösung von der Verhaftung an diese Welt. Die Berührung mit der Welt ist die Ursache allen Übels. Die Loslösung in Meditation und Askese befreit von diesem Übel. Der Tod ist die Vollendung dieser Befreiung. Nur der muß nochmals das Rad der Wiedergeburt drehen, nur der muß nochmals zurück in diese Welt, der den Sprung in das Nirwana nicht schafft, der sich weder im Leben noch im Sterben von dieser Welt lösen konnte. Daher begleiten die Buddhisten den Sterbenden vor seinem Tod und noch 40 Tage danach, damit ihm der Sprung in das Nirwana gelingt. Nur wenn der Verstorbene noch so sehr am Irdischen haftet, daß er das Tor zum Nirwana nicht durchschreiten kann, wird er wiedergeboren. Aber Wiedergeburt heißt für die Buddhisten (etwa für das tibetische Totenbuch) nicht, daß dieser konkrete Mensch nochmals von vorne anfangen muß. Vielmehr gelangt das Karma dieses Menschen an den Muttermund einer gebärenden Frau. Es gibt also eine Auswirkung des Toten auf die Nächstgeborenen. Das ist für mich eine Auffassung, die ich ernst nehme, über die nachzudenken sich lohnt.

Weder die christliche Vorstellung noch die Reinkarnationslehre der östlichen Religionen können stringent bewiesen werden. Beide Vorstellungen versuchen, den Erfahrungen gerecht zu werden, die wir mit dem Sterben und mit den Toten machen. Man kann diese Erfahrungen sicher verschieden interpretieren. Aber ich habe in meinem eigenen spirituellen Weg erfahren dürfen, daß mir die Begegnung etwa mit der Zen-Meditation geholfen hat, die eigenen christlichen Quellen neu zu verstehen. So geht es für mich auch darum, im genauen Hinhören auf die buddhistischen Lehren, daß das Karma des Verstorbenen an den Muttermund gelangt, zu verstehen, was im Tod geschieht und wie wir die Beziehung der Toten zu den Lebenden verstehen können.

Der Buddhismus kennt keine persönliche Wiedergeburt, wie sie Rudolf Steiner lehrt. Aber er lehrt die Auswirkung des Sterbens eines Menschen für die Nachgeborenen. Es ist ein Unterschied für die Nachgeborenen, ob ein Mensch im Tod ins Nirwana kommt und damit ein Stück Welt für Gott verwandelt oder aber ob sein Karma an den Muttermund einer gebärenden Frau gelangt, ob da Unerledigtes, Unerlöstes, Dunkles, sich weiter auswirkt auf die Geburt anderer Menschen. Im AT muß sich der Prophet Ezechiel mit dem Glauben des Volkes auseinandersetzen, daß die Söhne für die Schuld der Väter büßen müssen: „Wie kommt ihr dazu, im Land Israel das Sprichwort zu gebrauchen: Die Väter essen saure Trauben, und den Söhnen werden die Zähne stumpf? So wahr ich lebe – Spruch Gottes, des Herrn –, keiner von euch in Israel soll mehr dieses Sprichwort gebrauchen." (Ez 18,2f) Ezechiel kämpft für den Glauben, daß jeder für sich verantwortlich ist. Aber offensichtlich gibt es im Volk auch den Glauben, daß die Nachgeborenen die Folgen ihrer Vorfahren zu tragen haben. Vom christlichen Standpunkt aus sind wir in unserem Leben nicht nur für uns selbst verantwortlich, sondern auch für die Menschen um uns herum und für die Menschen nach uns. Wenn unser Leben vom Geist Gottes verwandelt wird, dann wird unser Licht nicht nur während unseres Lebens leuchten, sondern auch noch nach uns. Und umgekehrt: Wenn wir an unserer Wahrheit vorbeileben, wenn wir mit unsern verdrängten Problemen sterben, wird das Unerledigte sich auch auf die Kommenden negativ auswirken. Nur ist das für uns Christen keine zwingende Notwendigkeit. Denn es gibt immer auch die Vergebung und den Neuanfang, den Gott uns schenkt.

Man kann sich auf verschiedene Weise vorstellen, wie die Auswirkung der Toten auf die Lebenden ist. Und ich denke, die buddhistische Reinkarnationsvorstellung zwingt uns dazu, auch als Christen darüber nachzudenken. Da ist einmal das psychologische Erklärungsmodell. Wir sind beeinflußt von den Toten. Was sie gelebt haben, wirkt sich in unserer Psyche aus. Die Gedanken und Gefühle, die sie verbreitet haben, haben die Atmosphäre mit bestimmt, in der wir aufwachsen. Die christliche Theologie hat das mit dem Bild der Erbsünde zu erklären versucht. Wir sind von den Sünden beeinflußt, die unsere Väter verübt haben. Wir werden hineingeboren in eine

Atmosphäre, die von der Sünde geprägt ist. Bert Hellinger schreibt von der Ordnung der Liebe, die manchmal das Verhalten und Schicksal der Nachgeborenen prägt. Das Schicksal der Lebenden scheint oft bestimmt von den unerledigten Aufgaben der Vorfahren. C.G. Jung spricht vom kollektiven Unbewußten, in dem die Geschichte unserer Vorfahren gespeichert ist. Wir tragen in uns nicht nur das persönliche Unbewußte, in dem sich das von uns Verdrängte festsetzt, sondern auch das kollektive Unbewußte, in dem sich die Erfahrungen unserer Familiengeschichte, aber auch unseres Landstrichs, unseres Volkes, niedergeschlagen haben. Von daher ist es durchaus sinnvoll, die eigene Geschichte anzuschauen und nicht einfach nur mit dem Augenblick seiner Geburt zu beginnen. Aber bei allem Nachdenken, wie die Verstorbenen auf uns einwirken, dürfen wir nie die Gnade Gottes außer acht lassen, die den notwendig zwingenden Zusammenhang durchbrechen kann.

Andere sprechen vom Fluch, der aus der Vergangenheit auf einem Geschlecht lastet. Das ist eine uralte Menschheitsvorstellung, gegen die aber schon das AT rebelliert. Wir sind nicht einfach dem Fluch der Vergangenheit ausgeliefert. Christlich ist die Erfahrung, daß wir aus dem Schicksalszusammenhang herausgelöst sind. Für die Antike war das Schicksal, die heimarmene, das Unausweichliche, dem kein Mensch zu entrinnen vermag. Dieses Schicksal war für den antiken Menschen bestimmt aufgrund seiner Vorfahren. In den griechischen Mythen und Sagen ist von diesem Fluch immer wieder die Rede. Christus hat uns befreit von dieser Verstrickung in Schuld und Fluch. Seine Macht ist größer als die Macht der Vergangenheit. Wir sind nicht dazu verdammt, das Schicksal unserer Vorfahren zu wiederholen. Und wir sind auch nicht dazu verdammt, das Unerledigte unserer Eltern zu erfüllen, wie Hellinger meint. Natürlich zeigt es sich, daß die Nachkommen nicht immer frei zu sein scheinen. Sie scheinen ein Programm zu erfüllen, das ihnen vorgegeben ist. Aber wir dürfen da auf keinen Fall einen notwendigen Zusammenhang sehen, als ob wir dazu verdammt sind, das Unerledigte unserer Vorfahren zu erledigen. Die katholische Theologie kennt die Spannung zwischen beiden Polen. Auf der einen Seite gibt es die Erbsünde, die von der Sünde infizierte Atmosphäre, in die wir hineingeboren werden. Auf der andern Seite sind wir im Blick auf Jesus Christus von der Erbsünde ausgenommen. Dort wo Christus in uns ist, hat die Sünde keine Chance, dort ist ein Raum, der lauter und makellos ist, in dem wir mit dem unverfälschten Kern in uns in Berührung kommen.

Das Reinkarnationsmodell will erklären, warum wir von der Vergangenheit beeinflußt sind. Es erklärt z.B. die Verschiedenheit der Kinder in der gleichen Familie damit, daß in jedem Kind ein anderer Vorfahre wiedergeboren wurde. Und es erklärt die Behinderungen der Kinder auch mit dem Schicksal des früher Geborenen. Im behinderten Kind wird ein Mensch wiedergeboren, der sich im vergangenen Leben verfehlt hat. Als wir in einer Runde von Müttern darüber diskutierten, war ich schon erstaunt, daß von sechs Müttern drei an die Reinkarnation glaubten. Eine Mutter hatte ein taubes Kind. Sie wehrte sich vehement gegen die Vorstellung, ihr Kind sei behindert, weil es im früheren Leben gesündigt habe. Das sei doch eine Verschiebung des Problems. Was nützt es der Mutter, wenn sie weiß, daß in ihrem Kind ein anderer Mensch seine Schuld abtragen muß? Sie will sich jetzt ganz und gar auf das Kind einlassen, so wie es ist, ohne zu fragen, wie das gekommen sei. Jesus selbst bestätigt die Ansicht dieser Frau. Denn als er einem Blindgeborenen begegnet, da fangen die Jünger die gleiche Diskussion an, wie sie die Befürworter der Reinkarnation heute immer wieder führen: „Rabbi, wer hat gesündigt? Er selbst? Oder haben seine Eltern gesündigt, so daß er blind geboren wurde?" (Joh 9,2) Sie fragen also auch nach der Schuld in der Vergangenheit. Da muß eine Ursache sein. Jesus wehrt sich gegen die Verlagerung des Problems in die Vergangenheit: „Weder er noch seine Eltern haben gesündigt, sondern das Wirken Gottes soll an ihm offenbar werden." (Joh 9,3) Es hat keinen Zweck, ständig nach den Ursachen zu fragen. Wir können die Frage nach dem Warum nicht beantworten. Wir müssen die Krankheit und die Behinderung heute akzeptieren und darauf angemessen reagieren.

Die Reinkarnationstherapie, die den Menschen in frühere Leben zurückführen will, um dort seine Wunden zu heilen, ist für mich eine typische Flucht vor der gegenwärtigen Realität. Was nützt es mir, wenn ich vor 500 Jahren mal ein Verbrecher gewesen sein soll? Ich muß mich meiner jetzigen Wirklichkeit stellen. Und die muß ich Gott hinhalten, damit Er sie heute verwandle und heile. Jetzt will Gottes Herrlichkeit an mir offenbar werden. Wenn ich meine Wirklichkeit, so wie sie geworden ist, Gott hinhalte, dann kann er sie heute heilen und verwandeln, ohne die Geschichte meines Problems tausend Jahre zurückzuverfolgen. Die Menschen, die mir von ihrer Reinkarnationstherapie erzählt haben, haben immer ganz erstaunliche Erlebnisse erzählt. Der eine war Soldat unter dem Kreuz Christi. Die andere war ägyptische Priesterin. Das hat mich skeptisch gemacht. Natürlich hat jeder von uns seine Geschichte. Und jeder hat seine Vorfahren, die sicher noch weiter in ihm wirken. Wir sollen uns unseren Wurzeln stellen, nicht nur den ganz persönlichen Wurzeln, die die Eltern uns anbieten, sondern auch den Wurzeln, die unser Stammbaum oder unsere Gegend für uns bereithält. Aber für mich ist es eine Flucht in die Vergangenheit, die man dann auch noch besonders interessant machen muß, wenn ich frühere Leben anschauen sollte. Die Wirkung der Vergangenheit kann ich sowohl mit Erbanlagen als auch mit dem kollektiven Unbewußten erklären oder auch mit der Ordnung der Liebe, wie sie Hellinger verkündet. Ich muß da nicht auf frühere Reinkarnationen bezug nehmen.

Im Hinduismus gibt es auch den Glauben an die persönliche Wiedergeburt des Menschen. Um zu verstehen, was der Hinduismus damit meint, müssen wir sein Weltbild anschauen. Der Hinduismus ist vom Gedanken der All-Einheit fasziniert. Die Welt ist nur Schein. Sie ist nur wirklich, insofern sie am all-einen Absoluten, am Brahma, Anteil hat. Die von Ewigkeit existierenden Seelen gehen nun aus einem verfallenden Leib in einen neuen Mutterschoß ein und werden aufs neue wieder geboren. Mit dieser Lehre will der Hinduismus einmal die Frage nach der gerechten Vergeltung (Karma) beantworten. Wenn ein Mensch leidet, dann hat das Gründe in seiner früheren Existenz, dann muß diese Schuld abbezahlt werden. Es ist eine wichtige Frage, die sich den Frommen seit jeher gestellt hat, warum es den Guten so schlecht und den Bösen so gut geht. Aber man kann darauf auch eine andere Antwort geben als der Hinduismus. Das Christentum hat auf diese Frage nach der angemessenen Vergeltung die befreiende Antwort vom Sühnetod Jesu Christi gegeben. Auch wenn wir uns heute mit dem Begriff Sühne schwer tun, so hat die frühe Kirche damit den ewigen Kreislauf von Schuld und Sühne durchbrochen. Es muß nicht mehr alles gesühnt werden, was Menschen in früheren Existenzen an Schuld auf sich geladen haben. Christus ist aus Liebe solidarisch geworden gerade mit den Sündern und hat ihnen einen Weg zum Neubeginn gebahnt.

Zum andern will der Hinduismus mit seiner Reinkarnationslehre letztlich den Vorrang des Geistigen vor der Materie bezeugen. Das Eigentliche ist die ewige Seele, die sich immer wieder neu inkarniert. Auch hier müssen wir die eigentliche Absicht der indischen Reinkarnationslehre ernst nehmen. Indien ist das wohl religiöseste Land. Der Inder sieht in allem das Göttliche. Von ihm können wir lernen, daß sich das Göttliche in jedem Seienden zeigt, in jeder Pflanze, in jedem Tier, gerade aber im Menschen. Die hinduistische Lehre trifft sich mit der Lehre Platos von den ewigen Ideen, die Gott sich von dieser Welt gemacht hat. Vom Hinduismus können wir lernen, daß sich bei aller Individualität in jedem Menschen auch das Göttliche schlechthin ausdrückt. Jeder Mensch trägt Gottes Antlitz, jeder ist eine Note in der göttlichen Schöpfungssymphonie. Wir Christen glauben nicht daran, daß der einzelne wieder in den Mutterschoß einer Frau hinein kommt. Aber von der Todestheologie eines Karl Rahner oder Ladislaus Boros her, die vom allkosmischen Weltbezug der verstorbenen Person, bzw. der Geistseele, die im Tod eine Beziehung zum Urgrund allen Seins aufbaut, in dem alle

Dinge dieser Welt miteinander kommunizieren, können wir erklären, daß der Tod jedes Menschen auch die personalen Voraussetzungen anderer Menschen verändert und mitbestimmt. (Vgl. SM IV,923).

Ein Zweites können wir heute vom Hinduismus lernen: die Leidenschaft für die göttliche Läuterung und Verwandlung, die Leidenschaft für die Durchsichtigkeit dieser Welt auf Gott hin. Das Göttliche will diese Welt mehr und mehr durchdringen. Die ewigen Seelen, die Grundideen Gottes, sollen nicht mehr durch den Schmutz von Schuld und Sünde befleckt und entstellt sein. Gott selbst soll rein im Abbild der Schöpfung und im Abbild der Menschen aufscheinen. Trotz aller Bewunderung für die hinduistische Gottessehnsucht geben wir Christen aber eine andere Antwort auf die Frage nach der Läuterung. Gott selbst ist es, der diese Welt mehr und mehr vom Unrat der Sünde reinigt und sie in sein Bild verwandelt. Wir können uns diesem verwandelnden Gott nur immer mehr hinhalten und öffnen. Der Tod ist die eigentliche Verwandlung, in der Gott immer wieder ein Stück Schöpfung in die Vollendung führt, in der Gott den Sünder zum Spiegel göttlicher Liebe verwandelt.

Es geht mir nicht darum, die Reinkarnationslehre nur abzulehnen. Ich möchte sie vielmehr ernst nehmen und dann fragen, wo wir Christen in unseren Antworten Fragen übersehen oder sie eben ungenügend beantwortet haben. Aber entscheidend ist für mich, daß ich immer die eigentliche Aussageabsicht der religiösen Traditionen sehen möchte und nicht einfach nur ihre Antworten übernehme. Dialog zwischen den Religionen heißt ehrliche Auseinandersetzung und nicht einfach Vermischung aller Lehren miteinander. Der Dialog zwischen den Religionen muß dabei heute zugleich die Naturwissenschaften mit einbeziehen. Psychologen wie Ken Wilber und Alexander Grof sprechen heute auch von Reinkarnation. Aber sie sprechen davon in so differenzierter Weise, daß es nicht um die persönliche Wiederkehr oder Seelenwanderung geht, sondern einfach um die Frage, wie die Verwandlung des Menschen im Tod und wie seine erneute Beziehung zur Welt zu verstehen ist. Um diese Fragen müssen wir Christen heute genauso ringen.

Die Befürworter der Reinkarnationslehre behaupten oft, daß die frühe Kirche die Reinkarnation gelehrt habe, ja daß die Bibel diese Lehre rechtfertige. Aber all die Gründe, die dafür angeführt werden, sind Scheingründe. Weder das AT noch das NT kennt die Lehre von der Reinkarnation. Wenn da die Meinung der Leute, daß Elija zuerst kommen müsse, um alles wieder herzustellen (Vgl. Mk 9,11f), als Beweis zitiert wird, die Bibel kenne Reinkarnation, so wird da etwas in die Bibel hineingedeutet, was so nicht drin steht. Der Messias, so glauben die Juden, komme in der Kraft des Elija. Aber in ihm wird nicht Elija persönlich wiedergeboren. Elija hat vielmehr den Propheten schlechthin repräsentiert. Der Messias wird etwas von der prophetischen Sendung des Elija verkörpern, genauso wie er etwas von der königlichen Kraft Davids darstellen wird. Elija und David sind Typen, Urbilder für das Prophetische und Königliche. In der Taufe werden wir alle mit dem Chrisam gesalbt, wir werden zu Königen, Hirten und Propheten gesalbt. Jeder von uns ist ein königlicher Mensch, mit einer unantastbaren Würde. Jeder ist Hirte, er kann andere führen und leiten. Er hat die Aufgabe, andere zu heilen und ihnen zu helfen. Und jeder hat eine prophetische Sendung, eine Botschaft, die nur er der Welt zu sagen hat.

Auch die frühe Kirche hat nicht an die Reinkarnation geglaubt. Origines hat die apokatastasis panton gelehrt, die Allerlösung am Ende der Welt. Aber er hat nicht die ewige Wiedergeburt verkündet. Seit Rudolf Steiner wird hier unsauber gearbeitet und der frühen Kirche Lehren unterschoben, die so niemals vertreten worden sind. Es wäre sicher eine eigene Untersuchung wert, wie sich die frühen Theologen Tod und Auferstehung vorgestellt haben. Es ist zu erwarten, daß da nicht nur die kirchenamtliche Lehre verkündet wird, sondern daß da noch andere Vorstellungen mitschwingen. Aber zu behaupten, die frühe Kirche habe in Übereinstimmung mit dem Osten die Reinkarnation gelehrt, stimmt so nicht. Das ist vielmehr ein Märchen, das seit Rudolf Steiner zwar immer wiederholt wird, aber trotzdem nur erfunden ist.

Während für den Osten Reinkarnation ein Fluch ist, von dem sich der Mensch durch Gebet und ein lauteres Leben befreien soll, ist sie im Westen zu einer Lehre geworden, die den Reichtum des Menschen beweisen soll. Der Mensch kann in einem Leben gar nicht entfalten, was Gott ihm geschenkt hat. Er muß immer wieder geboren werden, um ganz und gar geläutert zu werden. Erst dann kann er im Himmel für immer eins werden mit Gott. Es ist also das typisch westliche Leistungsdenken, das sich in die Reinkarnationslehre des Ostens eingeschlichen und sie so völlig verstellt hat. Wenn heute viele Christen an die Reinkarnation glauben, dann ist es meistens diese typisch westliche Form. Natürlich ist auch diese

Reinkarnationslehre nicht völlig aus der Luft ge-
griffen. Sie versucht, auf verschiedene Erfahrungen eine Antwort zu geben. Da ist einmal die
Erfahrung, daß sich in unser Leben Erfahrungen
und Erinnerungen von längst vergangenen Zeiten
einschleichen, daß wir manchmal das Gefühl haben, da und dort schon gewesen zu sein. Diese
Erfahrungen sind ernst zu nehmen. Aber man
muß sich ihnen auch vorurteilsfrei stellen. Sie
können durchaus auch mit anderen Erklärungs-
modellen verstanden werden als mit dem Modell
der Reinkarnation.

Für mich sieht die Reinkarnation Gottes Wirken
zu klein und sie ist geprägt von einem Gesetzes-
denken und nicht vom Geist des Evangeliums. Sie
meint, der Mensch könne sich durch Askese und
Meditation immer höher entwickeln, so daß er
dann im Tod in Gott hinein verwandelt wird. Das
Entscheidende, so sagt uns Jesus im Evangelium
immer wieder, ist nicht das, was wir tun, sondern
was Gott an uns tut. Wir werden im Tod vor Gott
alle zugleich als Sünder und Gerechte erscheinen.
Ob wir an uns gearbeitet haben oder nicht, ob wir
viel gebetet haben oder nicht, alles, was wir zuwe-
ge bringen, ist sehr wenig im Vergleich zu dem
unendlichen Gott. Wir werden trotz aller Bemühungen zuletzt mit leeren Händen vor Gott erscheinen. Das soll uns aber nicht erschrecken,
vielmehr dürfen wir getrost sein: Gott kann das
wenige, das wir ihm anbieten, annehmen und uns
durch das Feuer Seiner Liebe verwandeln, so daß
wir eins werden mit Ihm. Die Verwandlung ist
das Werk Gottes und nicht unser eigenes. Das ist
die Frohe Botschaft der christlichen Auferstehungshoffnung. Nicht wir müssen uns selbst
erlösen, Gott erlöst uns. Er nimmt an, was wir
Ihm im Tod anbieten. Er sieht hinter unseren

Bemühungen und hinter unseren Schwächen gleicherweise die Sehnsucht, die uns umgetrieben hat und die wir gerade im Tode aufs neue erleben. Und Er erfüllt uns diese Sehnsucht nach der ewigen Geborgenheit in Seiner Liebe, nach der Vergebung all dessen, was nicht richtig war in unserem Leben. Die Reinkarnationslehre überfordert den Menschen und setzt ihn einem Leistungsdruck aus, dem er nicht gewachsen ist. Und sie denkt klein von Gott. Sie traut Gott nichts zu. Sie sieht Gott ganz und gar im Bild des Menschen, aber nicht mit den Bildern, in denen Jesus uns diesen Gott beschrieben hat.

Natürlich besagt auch die christliche Auferstehungshoffnung nicht, daß wir die Hände in den Schoß legen sollen. Wir sollen uns anstrengen und bewußt unser Leben leben. Dazu fordert uns Jesus immer wieder auf. Die christliche Lehre von der Auferstehung nimmt unser Leben hier ernst. Unser Leben ist einmalig. Daher sollen wir es bewußt leben, nicht einfach so dahin leben. Es geht darum, dem Geheimnis unseres Lebens auf die Spur zu kommen, das Leben in seiner ganzen Intensität zu leben und nicht auf später zu warten, um dann in einer neuen Inkarnation erst richtig mit dem Leben anzufangen. Das eigene Leben zu leben, das Bild zu verwirklichen, das Gott sich allein von mir gemacht hat, das bedarf auch der Anstrengung, das bedarf der Achtsamkeit, damit ich den Weg nicht verfehle, sondern wirklich mein Leben lebe. Aber zugleich müssen wir daran glauben, daß nicht wir uns durch unsere Anstrengung gerecht machen können, sondern daß Gott uns gerecht macht, uns nach Seinem Willen ausrichtet und uns im Feuer Seiner Liebe umschmilzt zu Menschen Seines Geistes.

4. Die Bibel und die Auferstehung von den Toten

a) Das Alte Testament

Im Alten Testament können wir eine Entwicklung des Glaubens an die Auferstehung beobachten. In vielen Schriften des AT wird das Leben gepriesen, das Gott uns heute schenkt. Wir Lebenden können Gott preisen. In der Unterwelt verstummt das Lob Gottes: „Ja, in der Unterwelt dankt man dir nicht, die Toten loben dich nicht; wer ins Grab gesunken ist, kann nichts mehr von deiner Güte erhoffen." (Jes 38,18) Leben heißt Gott loben. Und nur wer Gott lobt, lebt wirklich. Der Tod ist nur für den Unglücklichen und Alten von Segen: „Tod, wie gut ist es, daß du auferlegt bist für den betrübten und kraftlosen Menschen, für den, der strauchelt und überall anstößt, der verzweifelt ist und die Hoffnung verloren hat. Fürchte dich nicht vor dem Tod, weil er dir auferlegt ist. Denk daran: Vorfahren und Nachkommen trifft es wie dich. Er ist das Los, das allen Sterblichen von Gott bestimmt ist. Was sträubst du dich gegen das Gesetz des Höchsten?" (Sir 41,2-4) Der Mensch muß sich damit aussöhnen, daß er sterben wird. Das ist sein Schicksal. Wenn er sein Leben wirklich gelebt hat, dann kann er satt an Jahren willig sterben. Diese Vorstellungen des AT vom Tod als dem radikalen Ende sind durch das NT nicht einfach überholt. Sie wollen uns vielmehr zeigen, daß das Leben der Auferstehung nicht einfach ein Weiterleben bedeutet, sondern etwas radikal Neues. Das bisherige Leben mit seiner Geschichte geht im Tod zu Ende. Aber Gott hat für uns eine unbeschreibliche Zukunft bereitet.

Aber das AT kennt auch andere Vorstellungen vom Tod. Da wird unterschieden zwischen dem

Tod der Sünder und dem Tod der Gerechten, die in Gottes Hand sind und auch durch den Tod nicht vernichtet werden können. So heißt es im Buch der Weisheit: „Die Seelen der Gerechten sind in Gottes Hand, und keine Qual kann sie berühren. In den Augen der Toren sind sie gestorben, ihr Heimgang gilt als Unglück, ihr Scheiden von uns als Vernichtung; sie aber sind in Frieden. In den Augen der Menschen wurden sie gestraft; doch ihre Hoffnung ist voll Unsterblichkeit... Beim Endgericht werden sie aufleuchten wie Funken, die durch ein Stoppelfeld sprühen. Sie werden Völker richten und über Nationen herrschen, und der Herr wird ihr König sein in Ewigkeit." (Weisheit 3,1-4.7f) Hier wird das Leben nach dem Tod als Frieden und Hoffnung, als Unsterblichkeit, als Herrschen und als Verwandlung ins Licht beschrieben. Der Tod ist nicht mehr nur Schicksal, sondern Verheißung ewigen Lebens.

So sieht es auch Ijob in dem bekannten Text, den Händel im Messias so eindrucksvoll vertont hat: „Doch ich, ich weiß: mein Erlöser lebt, als letzter erhebt er sich über dem Staub. Ohne meine Haut, die so zerfetzte, und ohne mein Fleisch werde ich Gott schauen. Ihn selber werde ich dann für mich schauen; meine Augen werden ihn sehen, nicht mehr fremd. Danach sehnt sich mein Herz in meiner Brust." (Ijob 19,25-27) Der Tod kann uns nicht von Gott, unserem Erlöser trennen. Wir werden ohne unsere Verletzungen und Enttäuschungen Gott in seinem wahren Licht schauen. Gott wird uns nicht mehr fremd sein, sondern vertraut. Er wird unsere tiefste Sehnsucht erfüllen. Ähnlich sieht es der Prophet Daniel, der das Schicksal der Gerechten von dem der Frevler unterscheidet: „Von denen, die im Land des Staubes schlafen, werden viele erwachen, die einen zum ewigen Leben, die anderen zur Schmach, zu ewigem Abscheu. Die Verständigen werden strahlen, wie der Himmel strahlt; und die Männer, die viele zum rechten Tun geführt haben, werden immer und ewig wie die Leuchter leuchten." (Dan 11,2f) Der Himmel ist allein denen vorbehalten, die den Willen Gottes befolgen. Für sie wird ihr ewiges Schicksal ein Strahlen und Leuchten sein. In ihnen wird Gottes Liebe sichtbar werden. Durch Gott werden sie selbst zu Licht werden.

b) Das Neue Testament

Im NT müssen wir unterscheiden zwischen den Worten Jesu über Himmel und Hölle, das ewige Feuer und über Beschreibungen des Endzustandes, der Auferstehung. Bei den Worten Jesu über die Hölle müssen wir uns immer die Art seiner Aussagen vor Augen halten. Es sind Mahnpredigten, in denen Jesus uns sagen will: „Du kannst mit Deinem Leben scheitern. Dein Leben ist wertvoll. Es ist einmalig. Nimm es daher ernst." Wenn Jesus von der Hölle spricht, dann meint er nicht nur den Zustand nach dem Tod, sondern die Folge, die aus einem falschen Lebensentwurf jetzt schon für uns spürbar wird. Jesus spricht nicht von dem strengen und unerbittlichen Gott, der uns in die Hölle stürzt, sondern von Wegen, die ins Verderben führen. Jesus will uns mit solch starken Worten ermahnen, so zu leben, daß unser Leben gelingt. Er will uns sensibel machen für Wege, die anscheinend harmlos erscheinen, die uns aber doch abhalten vom wahren Leben, die uns nicht zu dem einmaligen Bild kommen lassen, das Gott sich von uns gemacht hat.

Jesus nimmt unser Leben ernst und gibt ihm eine göttliche Würde. Aber das Leben ist auch einmalig. Deshalb müssen wir achtgeben, daß wir es nicht verfehlen. Jesu Worte dürfen nie als statistische Aussagen verstanden werden, daß die Mehrzahl in die Hölle kommt, sondern als intensive Ermahnung, doch mit wachen Augen und offenen Herzen so zu leben, wie es Gottes Willen und wie es dem jeweiligen Bild des Menschen entspricht. Ich weiß, daß manchen diese Worte Jesu Angst machen. Deshalb möchte ich einige solcher Texte anschauen und der Aussageabsicht Jesu entsprechend interpretieren.

„Wenn dich dein rechtes Auge zum Bösen verführt, dann reiß es aus und wirf es weg! Denn es ist besser für dich, daß eines deiner Glieder verlorengeht, als daß dein ganzer Leib in die Hölle geworfen wird. Und wenn dich deine rechte Hand zum Bösen verführt, dann hau sie ab und wirf sie weg! Denn es ist besser für dich, daß eines deiner Glieder verlorengeht, als daß dein ganzer Leib in die Hölle kommt." (Mt 5,29f) Mit solchen Worten will uns Jesus keine Angst machen, daß wir die Augen verschließen vor jedem Bösen oder daß wir uns in einen falschen Perfektionismus flüchten, der darauf fixiert ist, ja nichts Unrechtes zu tun. Das wäre eine Pervertierung der Botschaft Jesu. Das rechte Auge, das uns zum Bösen verführt, das ist das Auge, das alles beurteilt und bewertet, das alles einordnet und sortiert, das haben will und nicht sein lassen kann. Rechts ist ein Bild für das Bewußte. Wer alles mit dem rechten Auge anschaut, der kann nicht staunen und bewundern, der ist unfähig, die Welt, die Menschen, so zu erfahren, wie sie wirklich sind. Überall mischt sich sein Habenwollen, sein Beurteilenwollen hinein. Wer so einseitig schaut, dem wird das Leben jetzt schon zur Hölle, der kann sich über nichts mehr freuen, der kann nichts mehr bewundern, der kann zu nichts mehr aufschauen. Ähnlich ist es mit der rechten Hand. Sie steht für Menschen, die alles selber in die Hand nehmen, die alles selber machen wollen, die daran glauben, daß sie alles tun könnten, was sie möchten. Sie sind ständig aktiv, greifen nach allem, was ihnen nützen könnte, packen zu und packen an. Aber sie können nichts mehr zärtlich berühren, sie können nicht streicheln, nicht genießen. Da muß das Rechte, das Bewußte, zurückgeschnitten werden, damit die andere Seite, die unbewußte Seite, auch leben kann. Jesus will mit diesen beiden Worten hier und jetzt zu einem ausgeglichenen Leben ermahnen. Jetzt wird mein Leben zur Hölle, wenn ich allzu einseitig lebe. Die Hölle jenseits des Todes wäre nur eine letzte Konsequenz aus diesem Tun. Aber Jesus betont nicht die Hölle als Strafe, sondern er möchte den Menschen einladen, seinem Wesen gemäß zu leben, damit sein Leben gelingt. Es ist nicht selbstverständlich, daß unser Leben gelingt. Manchmal haben wir ein Brett vor dem Kopf und merken gar nicht, wie wir an unserer Wahrheit vorbeileben.

Es genügt nicht, nur die Gebote zu erfüllen, wir müssen darauf achten, unser eigenes Leben zu leben. „Geht durch das enge Tor! Denn das Tor ist weit, das ins Verderben führt, und der Weg dahin ist breit, und viele gehen auf ihm. Aber das Tor, das zum Leben führt, ist eng, und der Weg dahin ist schmal, und nur wenige finden ihn." (Mt 7,13f) Das breite Tor und der breite Weg, das sind Bilder für die Masse, für das, was alle tun. Ohne uns über unsere persönliche Berufung Rechenschaft zu geben, tun wir, was alle tun. In Cosi fan tutte hat es Mozart meisterlich aufgezeigt, was so üblich ist bei den Menschen. Aber Menschwerdung bedeutet die Mühe, mein eigenes Leben zu leben. Das verlangt genaues Hinschauen auf mein Gewordensein, auf meine Lebensgeschichte, auf meine Veranlagung, das verlangt ein feines Hinhorchen auf die inneren Impulse, in denen Gott mir zeigt, was er von mir erwartet, wie mein Leben zur Blüte kommen kann.

In vielen Gleichnissen geht es Jesus um die gleiche Frage: Wie gelingt mein Leben? Und gerade in den drastischen Gleichnissen will er uns warnen, einem falschen Lebensentwurf zu folgen. So ein falscher Lebensentwurf kann sogar hinter einem anständigen und korrekten Leben sich verstekken. Es gibt Menschen, die alle Gebote halten und trotzdem an sich und ihrer persönlichen Berufung vorbeileben. In der Begleitung erfahre ich immer wieder, wie Menschen trotz aller Frömmigkeit ihr Leben verfehlen, weil sie sich nicht die Mühe machen, genau hinzuhören, was Gott von ihnen möchte. Sie folgen einem Ideal, von dem sie meinen, daß Gott es von ihnen verlangt. In Wirklichkeit sind es irgendwelche Idealbilder, die sie von außen übernommen haben, die aber mit Gottes Willen nichts zu tun haben.

Im Gleichnis vom königlichen Hochzeitsmahl (Mt 22,1-14) kümmern sich die Eingeladenen nicht um das Mahl. Der eine geht auf seinen Acker. Ihm ist sein Besitz und seine eigene Fruchtbarkeit wichtiger als das Hochzeitsmahl, das ja nicht nur für das ewige Leben nach dem Tod steht, sondern für das gelungene Leben hier, für ein Leben, das hier und jetzt schon eins wird mit Gott und hier schon, wie Athanasius sagt, ununterbrochen das Fest der Auferstehung feiert. Der andere geht in seinen Laden. Ihm ist sein Geschäft, seine Geschäftigkeit, seine Aktivität, wichtiger. Er möchte alles selber tun. Andere, so sagt

das Gleichnis, „fielen über seine Diener her, miß-
handelten sie und brachten sie um". (Mt 22,6) Es
sind offensichtlich Menschen damit gemeint, die
die innere Einladung zum wirklichen Leben ge-
waltsam niederschlagen, weil sie sich davon nicht
verunsichern lassen möchten. Sie spüren, daß da
noch eine andere Stimme in ihnen ist, die sie zum
authentischen Leben einlädt. Aber sie haben sich
so eingerichtet in ihrer eigenen Welt, daß sie diese
Stimme nicht nur totschweigen, sondern totschla-
gen müssen. Gott lädt nun alle Menschen ein,
ohne Rücksicht auf ihre Herkunft und auf ihren
moralischen Zustand. Alle, Böse und Gute, dürfen zum Hochzeitsmahl kommen. Das ist eine
tröstliche Botschaft. Wir müssen nichts mitbrin-
gen, als uns selbst. Wir brauchen nur der einla-
denden Stimme Gottes zu folgen, dann dürfen
wir mit ihm Hochzeit feiern. In der Fassung des
Gleichnisses bei Lukas (Lk 14,15-24) sind es gerade „die Armen und die Krüppel, die Blinden und
die Lahmen" (14,21), die zum Festmahl geladen
sind. Also gerade die verwundeten und verletzten
Menschen, die ihre eigenen Grenzen spüren, sind
offen für die Verheißung des vollen Lebens, des
Lebens mit Gott.

Bei Matthäus folgt die Szene, die viele nicht verstehen, daß da ein Mann ohne Hochzeitsgewand
an der Tafel sitzt und auf Befehl des Königs von
den Dienern in die äußerste Finsternis hinausge-
worfen wird. Was soll dieser Wechsel zwischen
dem barmherzigen Gott, der Gute wie Böse einlädt und nun den Mann ohne Hochzeitsgewand
unbarmherzig hinauswirft? In Israel war es
Brauch, daß der Hausherr dem Eingeladenen auch
ein Hochzeitsgewand mitsandte, damit jeder mit
einem schönen Gewand erscheinen konnte. Es
gehört zum Anstand, zur Achtung des Haus-

herrn, daß ich mit seinem Gewand erscheine. Ein Mann hielt es offensichtlich nicht für notwendig, mit dem Hochzeitsgewand zu erscheinen. Er mißachtete nicht nur die Anstandsregeln, sondern verletzte den Hausherrn selbst. Er wollte offensichtlich nur ein gutes Essen, ohne sich in die Gemeinschaft des Festes einzugliedern. Das Himmelreich wird uns allen angeboten, aber es wird uns nicht nachgeworfen. Es hat in sich bestimmte Gesetze, die wir beachten müssen. Im Bild des Gleichnisses sind es keine schweren Bürden, die wir erfüllen müssen. Wir müssen uns nur bewußt sein, daß wir zum königlichen Hochzeitsmahl geladen sind und nicht zum Freibier, daß wir zu einem erfüllten Leben berufen sind und nicht zum kostenlosen Konsum, ohne Rücksicht auf Gott und auf die Menschen. Auch hier will Jesus uns nicht Angst machen, sondern uns ermutigen, die kleine Bedingung zu erfüllen, die Gott an seine Einladung knüpft, das Hochzeitsgewand, das er selbst uns schenkt, auch anzuziehen. Wir müssen immer wissen, daß Gott Gott ist und nicht ein Hampelmann, mit dem wir machen können, was wir wollen. Die Strafe, die der Mann erfährt, zeigt, daß wir Gott ernst nehmen müssen. Wir müssen uns im Leben nach bestimmten Gesetzen richten, sonst schaden wir uns selbst.

Im Gleichnis vom treuen und schlechten Knecht geht es um die Wachsamkeit und Achtsamkeit. Unser Leben gelingt nur, wenn wir es achtsam leben, wenn wir wach sind und die Augen auftun, wenn wir mit Gott rechnen und uns nicht im Rausch an der Wirklichkeit vorbeimogeln. Wer so achtlos und unbewußt lebt, den wird der Herr „in Stücke hauen und ihm seinen Platz unter den Heuchlern zuweisen. Dort wird er heulen und mit den Zähnen knirschen." (Mt 24,51) Das ist ein hartes Wort. Aber es zeigt nur die Konsequenz eines Lebens, das wir an uns vorbeileben. Es gibt Menschen, die leben nicht wirklich. Sie schlafen, sie lassen sich von Illusionen leiten und sie leben wie im Dämmerzustand des Rausches. Die werden in Stücke zerrissen, da ist keine Einheit und Ganzheit mehr möglich, denen zerrinnt ihr Leben unter den Fingern, es zerbricht in tausend Stücke.

Um Achtsamkeit und Wachsamkeit geht es Jesus auch im Gleichnis von den 10 Jungfrauen. Es ist tröstlich, daß auch die fünf klugen Jungfrauen einschlafen. Aber sie nehmen in die Nacht Öl mit, damit ihre Lampen auch in der Nacht brennen, damit sie auch im Unbewußten ein Licht haben, das sie erleuchtet. Das Gleichnis ist eine Mahnung, wachsam zu sein, mit dem Kommen des Bräutigams mitten in der Nacht zu rechnen. Auch hier spricht Jesus nicht vom strengen Gott, der einfach die Türe zuschließt, nur weil die törichten Jungfrauen zu spät kommen. Vielmehr ist das Gleichnis wie ein Traum zu verstehen. Da träumen wir auch oft, daß wir zu spät kommen. Das sind Mahnträume, in der Gegenwart zu leben, mitten in der Nacht ein Licht bei sich zu haben. Denn mitten in der Nacht, im Bereich des Unbewußten, da kann der Ruf erschallen: „Der Bräutigam kommt! Geht ihm entgegen!" (Mt 25,6) Das Gleichnis schildert sowohl das Gelingen unseres Lebens hier auf Erden als auch das ewige Leben unter dem Bild der Hochzeit und des Bräutigams, der die Gegensätze in uns miteinander vereinen und mit uns ein ewiges Fest feiern wird.

Im Gleichnis von den Talenten will uns Jesus davor warnen, aus Angst unser Leben zu vergraben und einem falschen Perfektionismus zu huldigen. Der Perfektionist vergräbt lieber sein Talent, als daß er sich einen Fehler zugesteht. Und wir sollen nicht aus Angst daran gehen, unser Leben kontrollieren zu wollen. Wenn wir aus Angst, es könnte uns jemand nachweisen, daß wir etwas versäumt haben, unser Leben unter Kontrolle bringen möchten, dann wird uns das Leben totsicher außer Kontrolle geraten. Und Jesus warnt uns vor einem falschen Gottesbild. Wenn wir das Bild des strengen Gottes in uns tragen, vor dem wir ständig Angst haben müssen, weil er willkürlich ist und ungerecht, dann wird unser Leben schon hier auf Erden Heulen und Zähneknirschen, dann wird es trostlos und verkrampft. All diese Gleichnisse haben nicht in erster Linie das Leben nach dem Tod im Blick, sondern unsere Existenz hier auf Erden. Aber natürlich hat unser Leben hier auch Folgen für die Ewigkeit. Jesus will uns nicht ständig mit der Hölle drohen. Er will uns nur eindringlich einladen, bewußt zu leben, unser je einmaliges Leben wirklich auf dieser Erde zu entfalten. Ich erlebe immer wieder, wie ängstliche Menschen von solchen Bibelstellen gelähmt werden, wie sie in ihrer Angst bestärkt werden und dann manchmal ganz aufhören, die Bibel zu lesen.

Jesus spricht aber in den Evangelien nicht nur vom Gelingen unseres Lebens hier und jetzt, sondern in vielen Bildern auch vom ewigen Leben, vom Leben der Auferstehung. Offensichtlich kann man von dem Unvorstellbaren des ewigen Lebens auch nur in Bildern sprechen. Die biblischen Bilder öffnen uns einen Spalt breit den Vorhang, um einen Blick in das Unsichtbare des Himmels tun zu können. Da ist das Bild des Festes und des ewigen Hochzeitsmahles, das Jesus immer wieder benützt. Fest ist ja die Ahnung, daß die Zeit still steht, daß da Ewiges einbricht in unser Leben, daß das Eigentliche sichtbar wird.

Hochzeitsmahl ist Bild für die Vereinigung aller Gegensätze, die es gibt. Die Einheit von Mann und Frau in der Hochzeit weist darauf hin, daß im ewigen Leben alle Gegensätze aufgehoben werden, der Gegensatz von Himmel und Erde, von Leben und Tod, von Gott und Mensch, von Arm und Reich, von Mann und Frau. Fest und Hochzeitsmahl atmen beide Freude und Dankbarkeit. So wird das ewige Leben nicht etwas Langweiliges und Trostloses, sondern ewige Freude, ewiges Fest. Die Differenz zwischen Erwartung und Erfüllung, an der wir leiden, die uns aber zugleich auch lebendig hält, wird im Himmel aufgehoben. Da wird das Fest nicht langweilig, da müssen nicht immer neue Überraschungen eingebracht werden, um die Leute bei Laune zu halten. Der Himmel ist ewiges Fest, das heißt, die Menschen erleben ein für allemal diese Hochstimmung, die wir mit dem Fest verbinden. Sie sind in Gott hinein erhoben worden und erfahren, wer sie eigentlich sind. Das wird ewiger Genuß sein. Christus ist der ewige Bräutigam, der die Jungfrauen immer wieder aufs neue fasziniert und mit ihnen in den Hochzeitssaal geht, um mit ihnen zu feiern (Vgl. Mt 25,10)

Jesus schildert das ewige Leben im Himmel noch mit andern Bildern. Im Gleichnis vom Weltgericht sagt der Menschensohn zu den Auserwählten: „Kommt her, die ihr von meinem Vater gesegnet seid, nehmt das Reich in Besitz, das seit der Erschaffung der Welt für euch bestimmt ist." (Mt 25,31) Hier wird das ewige Leben als Besitz bezeichnet. Das Leben gehört uns, wenn wir in jedem Menschen Christus begegnen und in ihm Christus erkennen, wenn wir jedem seine königliche Würde zugestehen. Gott gehört uns. Wir müssen ihn nicht mehr suchen. Uns gehört das

Reich, wir gehören zum Reich, in das Reich. Wir sind bei Gott zuhause. Ein ähnliches Bild verwendet Jesus, wenn er den Jüngern verheißt, daß sie im Himmel gleichfalls auf 12 Thronen sitzen werden. „In allen meinen Prüfungen habt ihr bei mir ausgeharrt. Darum vermache ich euch das Reich, wie es mein Vater mir vermacht hat: Ihr sollt in meinem Reich mit mir an meinem Tisch essen und trinken, und ihr sollt auf Thronen sitzen und die zwölf Stämme Israels richten." (Lk 22,28f) Da ist einmal das Bild enger Tischgemeinschaft, von Intimität und Nähe zu Jesus. Und da ist das Bild des Thronens. Wir werden im Himmel herrschen und nicht mehr beherrscht werden. Wir werden nicht mehr von außen bestimmt, sondern ganz die sein, die wir von Gott her sind. Wir werden königliche Menschen sein, mit einer göttlichen Würde. Und wir werden richten, d.h. wir werden alles richtig sehen und von niemand mehr gerichtet werden.

Als die Sadduzäer Jesus nach der Auferstehung der Toten fragen, antwortet Jesus: „Nur in dieser Welt heiraten die Menschen. Die aber, die Gott für würdig hält, an jener Welt und an der Auferstehung von den Toten teilzuhaben, werden dann nicht mehr heiraten. Sie können auch nicht mehr sterben, weil sie den Engeln gleich und durch die Auferstehung zu Söhnen Gottes geworden sind." (Lk 20,34-36) Im Himmel gelten nicht mehr die Gesetze von Heirat und Gebären, da werden wir alle wie die Engel sein und Söhne und Töchter Gottes. Da werden wir uns nicht mehr ausschließlich an einen andern Menschen binden, um mit ihm ein Fleisch zu werden. Es wird eine neue Form des Miteinanders sein, ein Miteinander vor Gott und auf Gott hin. Da werden wir gemeinsam auf Gott schauen und mit Gott eins werden. Die

Engel sind ein Bild für die Kontemplation. Sie schauen Tag und Nacht Gott. So wird der Himmel ewige Kontemplation sein. Wir werden für immer Gott schauen und mit Gott in einem Hause wohnen. Und wir werden unsere wahre Würde erleben, als Söhne und Töchter Gottes. Wir haben dann teil an einer andern Welt, der jenseitigen Welt Gottes. Für Lukas ist der Himmel die „Zeit der Wiederherstellung von allem" (Apg 3,21). Da kommt die ursprüngliche Absicht Gottes mit der Welt zum Vorschein, da wird die Welt so, wie sie Gott von jeher gedacht hat. Da ist wahres Leben.

Am intensivsten hat sich wohl der Apostel Paulus mit der Frage der Auferstehung und eines Lebens nach dem Tod beschäftigt. Für ihn hängt an der Frage der Auferstehung Jesu und an unserer eigenen Auferweckung der Sinn des ganzen Lebens. „Wenn es keine Auferstehung der Toten gibt, ist auch Christus nicht auferweckt worden. Ist aber Christus nicht auferweckt worden, dann ist unsere Verkündigung leer und euer Glaube sinnlos." (1 Kor 15,13f) Für Paulus gehört beides zusammen. Christus hat uns hier zu wahrem Leben befreit. Aber zugleich setzen wir unsere Hoffnung auf den Christus, der zur Rechten des Vaters sitzt und Garant unserer eigenen Auferstehung ist. Paulus ist sicher nicht nur auf das jenseitige Leben ausgerichtet. Ihm kommt es auch auf die Erfahrung der Freiheit hier und jetzt an. Dennoch gilt für ihn: „Wenn Tote nicht auferweckt werden, dann laßt uns essen und trinken; denn morgen sind wir tot." (1 Kor 15,32)

Wie Paulus sich unsere Auferstehung, bzw. genauer ausgedrückt Auferweckung, vorstellt, das zeigt er vor allem in 1 Kor 15 und 2 Kor 5. Er spricht von unserer Verwandlung in einen himmlischen Leib und in das Bild des Himmlischen. Oft gebraucht er dabei das Bild vom Bekleidetwerden: „Denn dieses Vergängliche muß sich mit Unvergänglichkeit bekleiden und dieses Sterbliche mit Unsterblichkeit." (1 Kor 15,53) Kleid meint ein neues Wesen. So wie wir in der Taufe Christus als Gewand angezogen haben (Gal 3,27), so werden wir bei der Auferweckung mit Christus selbst überkleidet. Christus wird durch uns hindurchscheinen und in uns aufleuchten. In 2 Kor 5 spricht Paulus vom Himmel als der neuen Wohnung, die Gott uns bereitet, und vom ewigen Haus: „Wenn unser irdisches Zelt abgebrochen wird, dann haben wir eine Wohnung von Gott, ein nicht von Menschenhand errichtetes ewiges Haus im Himmel. Im gegenwärtigen Zustand seufzen wir und sehnen uns danach, mit dem himmlischen Haus überkleidet zu werden. So bekleidet, werden wir nicht nackt erscheinen." (2 Kor 5,1-3) Wir spüren, daß das Bilder sind für unsere Existenz im Himmel, die das Unaussprechliche ausdrücken möchten. Aber es bleibt das Geheimnis. Auf jeden Fall wird die Verwandlung deutlich, die Paulus im Tod sieht. Wir werden in das Bild des Himmlischen verwandelt, wir werden zu dem, der wir von Ewigkeit her, vom Himmel her, von Gott gedacht und geschaffen worden sind. Himmel ist Verwandlung in das Eigentliche. Da trennt uns nichts mehr von unserem wahren Wesen, von dem Urbild, das Gott sich von jedem von uns gemacht hat.

Eine andere Vorstellung vom Himmel wird deutlich, wenn Paulus immer wieder von der Sehnsucht spricht, beim Herrn zu sein: „Weil wir aber zuversichtlich sind, ziehen wir es vor, aus dem Leib auszuwandern und daheim beim Herrn zu sein." (2 Kor 5,8) Diese Sehnsucht wird vor allem im Philipperbrief der Grund seiner Auferstehungshoffnung: „Ich sehne mich danach, aufzubrechen und bei Christus zu sein – um wieviel besser wäre das! Aber euretwegen ist es notwendiger, daß ich am Leben bleibe." (Phil 1,23f) Im Himmel sein heißt für Paulus also vor allem, bei Christus daheim zu sein, mit dem Geliebten zusammen zu sein. Hier ist die Christusmystik Grund der Auferstehungshoffnung. Bei dem Christus zu sein, für den er kämpft, den er verkündet, für den er leidet, das ist Ziel seines Lebens. Es ist die persönliche Liebe zu Jesus Christus, die ihn hoffen läßt und die im Tod sich auf unaussprechliche Weise vertiefen wird. Bei Christus sein, darin ist für Paulus alles enthalten, wonach er sich sehnt. Und dieser Christus wird auch ihn verwandeln: „Unsere Heimat aber ist im Himmel. Von dorther erwarten wir auch Jesus Christus, den Herrn, als Retter, der unseren armseligen Leib verwandeln wird in die Gestalt seines verherrlichten Leibes, in der Kraft, mit der er sich alles unterwerfen kann." (Phil 3,20f)

Paulus versteht die Auferstehung der Toten als Geschehen unmittelbar nach dem Tod des einzelnen und zugleich als endzeitliches Geschehen. Jesus Christus, der auferstandene und erhöhte Herr, wird im Tod den Glaubenden in die Herrlichkeit Gottes führen. Aber es gibt auch die Offenbarung der Auferstehung vor der ganzen Welt, das Kommen Christi in Herrlichkeit. Die Exegese spricht von der Naherwartung der ersten Christen. Sie rechneten damit, daß Christus schon nach wenigen Jahren kommen werde und die ganze Welt zu Ende führen und verwandeln werde. Wir dürfen diese Naherwartung nicht einfach als Irrtum der ersten Christen sehen. Sie hat auch für uns heute noch Bedeutung. Denn nah ist für jeden von uns unser eigener Tod. Insofern täte uns die leidenschaftliche Sehnsucht nach dem Kommen des Herrn gut. Wir bräuchten heute aufs neue die Faszination der frühen Christen für Jesus Christus und für sein Kommen in Herrlichkeit. Jede Eucharistiefeier war erfüllt von der Verkündigung des Herrn, „bis er kommt" (1 Kor 11,26). In der Osternacht harrten die ersten Christen im Gebet aus und erwarteten jedes Jahr aufs neue, daß der Auferstandene wirklich kommen und diese Welt verwandeln werde. Das letzte Wort des NT zeugt von diesem Glauben an das nahe Kommen des Herrn: „Er, der dies bezeugt, spricht: Ja, ich komme bald. – Amen. Komm, Herr Jesus!" (Offb 22,20) Der Ruf „Maranatha, Komm, Herr Jesus" drückt die Sehnsucht der Urkirche nach dem Kommen des Herrn aus. Auch wenn schon in den Evangelien und dann in den späteren Schriften deutlich wird, daß die Christen mit einem längeren Warten auf das Kommen des Herrn rechneten, bleibt die Naherwartung ein bleibendes Element unseres Glaubens. Denn der Herr ist uns immer nahe, er ist in jedem Augenblick der Kommende. In unserem Tod wird sich vollziehen, woran die frühen Christen geglaubt haben und worum sie täglich gebetet haben: „Komm, Herr Jesus!"

Wenn wir die Aussagen des hl. Paulus im 1. Thessalonicherbrief ernst nehmen, müssen wir aber auch mit der Auferstehung am Ende der Welt rechnen, mit einem Offenbarwerden der Herrlichkeit Christi und einer Umwandlung der ganzen Welt. Davon sprechen auch die andern Schriften des NT, etwa der 2. Petrusbrief, der von der Vernichtung der Welt spricht. Dann erst, so sagt er, „erwarten wir, seiner Verheißung gemäß, einen neuen Himmel und eine neue Erde, in denen die Gerechtigkeit wohnt." (2 Petr 3,13)

Sowohl für Paulus als auch für alle übrigen Autoren des NT ist aber klar, daß keiner von uns die Stunde der endgültigen Auferstehung weiß. Zu allen Zeiten blieb es den Sekten überlassen, Spekulationen über das Ende der Welt anzustellen. Ich halte es lieber mit dem hl. Paulus, für den die Welt im Tod zu Ende kommt. Das Ende der Welt, die Wiederkunft Christi, geschieht in meinem Tod. Und der ist immer nahe. Und in meinem Tod wird ein Stück Welt in den Himmel verwandelt, in dem die Gerechtigkeit wohnt.

Man kann über den Himmel nur in Bildern sprechen. So hat es die Bibel getan. Es lohnt sich, die vielen Bilder der Bibel zu meditieren und sie in die eigene Vorstellungswelt zu übersetzen. Dann können wir zwar immer noch nicht mit Gewißheit sagen, wie der Himmel aussieht. Aber wir tun wenigstens einen Blick hinein in das Geheimnis der göttlichen Liebe, die uns im Himmel für immer begegnen wird. Mit Paulus müssen wir aber von diesem Himmel auch bekennen: „Was kein Auge gesehen und kein Ohr gehört hat, was keinem Menschen in den Sinn gekommen ist: das Große, das Gott denen bereitet hat, die ihn lieben." (1 Kor 2,9) Es wird unbeschreiblich sein, was Gott in seiner Liebe uns zugedacht hat.

5. Die Aussagen der Theologie

In der Geschichte der Theologie und Spiritualität werden vom Himmel verschiedene Aussagen gemacht, die es wert sind, meditiert zu werden. Da ist einmal die Aussage von der visio beatifica, von der seligmachenden Schau Gottes. Der Himmel wird hier als ewiger Zustand der Kontemplation verstanden, als Schauen der Herrlichkeit Gottes.

Es wird kein Schauen sein, bei dem wir immer wieder neue Aspekte an Gott erkennen werden, sondern ein Schauen, in dem wir mit Gott selbst eins werden. Schauen ist ja ein Vorgang, in dem wir mit dem Geschauten eins werden können. Kontemplatives Sehen meint ein Schauen, bei dem es keine Distanz mehr gibt zwischen Schauer und Beschautem, bei dem wir ganz Auge sind und im Schauen in das Bild Gottes verwandelt werden, „von Herrlichkeit zu Herrlichkeit, durch den Geist des Herrn" (2 Kor 3,18), wie Paulus sagt. Es ist interessant, daß der Himmel nicht als ewiges Hören von Gottes Wort verstanden wird. Es geht nicht mehr um das Hören, um das Belehrtwerden durch Gott. Im Hören ist immer noch eine Distanz zwischen dem Sprechenden und Hörenden. In der Schau ist Einssein möglich. So wird der Himmel Einswerden mit Gott in der ewigen Schau. Und diese Schau wird uns selig machen, glücklich machen. Sie wird unsere tiefste Sehnsucht erfüllen. Es ist keine langweilige Schau, bei der wir ermüden, sondern eine Schau, die uns lebendig hält, die uns für immer eins werden läßt mit dem geschauten Gott. In dieser Schau werden alle unsere Vorstellungen von dem ganz anderen Gott übertroffen.

Das zweite Bild für das ewige Leben ist das der fruitio dei, vom Genießen Gottes. Auch in diesem Begriff ist das Bild der Verschmelzung und Einswerdung mit enthalten. Das ewige Leben wird ein Leben der Lust und Freude sein. Da für uns Freude immer auch den Aspekt der Zeitlichkeit beinhaltet, können wir uns eine ewige Freude und einen ewigen Genuß nicht vorstellen. Aber wir können etwas davon erahnen, wenn wir hier in einem Augenblick höchster Ergriffenheit die Zeit festhalten möchten, wenn wir etwa in einem Konzert eine Sternstunde erleben, wenn ein Sänger so stimmig war, daß wir tief in unserem Herzen getroffen wurden. Bei aller Unterschiedlichkeit der Erfahrungen dürfen wir uns das ewige Leben auch nicht zu abstrakt und leiblos vorstellen. Wir machen hier in unserem Leben Erfahrungen, die uns etwas erahnen lassen von der seligmachenden Schau Gottes und vom ewigen Genuß Gottes.

Ein drittes Bild für das Leben der Auferstehung ist der Begriff des ewigen Lebens. Ewiges Leben ist ja nicht immerdauerndes Leben, sondern eine andere Qualität von Leben. Johannes hat in seinem Evangelium immer wieder davon gesprochen, daß Jesus uns ewiges Leben schenkt. Das ewige Leben ist ein neuer Geschmack des Lebens, eine neue Lebensqualität. Es ist auch Leben, das durch den Tod nicht mehr zerstört werden kann. Aber ewig ist kein zeitlicher Begriff, sondern ein qualitativer. Was ewig heißen kann, erahnen wir, wenn wir einen Augenblick festhalten möchten, wenn wir einmal ganz gegenwärtig sind, ganz präsent. Dann steht die Zeit still, dann sind wir ganz da, dann genießen wir, dann sind wir ganz in den Sinnen, ganz im Augenblick, ganz in Gott. So wird es in der Ewigkeit sein, nur noch viel intensiver, so daß es sich doch wieder unserer Vorstellung entzieht. In der Ewigkeit werden die Dimensionen von Raum und Zeit aufgehoben. Und das ist für uns grundsätzlich unvorstellbar. Von Nietzsche stammt ja das berühmte Wort: „Alle Lust will Ewigkeit, will tiefe, tiefe Ewigkeit." Im Genießen, in der Lust, haben wir schon eine Ahnung von Ewigkeit, die uns Gott im ewigen Leben erfüllen wird. Klassisch geworden ist die Definition von Ewigkeit durch den römischen Philosophen Boethius als „der vollkommene, in einem einzigen, alles umfassenden Jetzt gegebene Besitz grenzenlosen Lebens (Interminabilis vita tota simul er perfecta possessio)" (Greshake, Ewigkeit 361). Ewigkeit ist intensives Sein, ist göttliches Sein und für uns Teilhabe an diesem göttlichen Sein.

Die Tradition kennt noch andere Bilder des ewigen Lebens. Da ist das Bild der ewigen Ruhe, um die wir für die Toten bitten. Für Reinhold Schneider war das eine große Sehnsucht, ausruhen zu können von den vielen Kämpfen, die er während seines Lebens zu bestehen hatte. Diese Ruhe ist keine Grabesruhe, sondern sie hat mit der Ruhe Gottes zu tun, der am siebten Tag ausruhte und sich an dem freute, was er geschaffen hat. Es zeigt, daß hier Leben und Tod zusammen gehören. Ich kann mich nur an dem freuen, was ich gelebt habe. Über den Tod nachzudenken heißt daher immer wieder auch, darüber reflektieren, wie wir hier leben lernen können, wie wir so leben können, daß wir von unseren Werken gerne ausruhen werden. Die Sehnsucht nach dem ewigen Leben darf nicht dazu führen, daß wir unser Leben hier überspringen. Sie soll uns gerade antreiben zu wirklichem Leben. Allerdings dürfen wir hier keine neuen Normen aufstellen, als ob nur der nach dem Tod wirklich leben könne, der hier viel erlebt hat. Dann hätten frühgestorbene Kinder ja keine Chance. Wir müssen immer auch damit rechnen, daß Gott ungeahnte Möglichkeiten mit uns hat, auch mit Menschen, die früh dem Leben entrissen werden.

Im traditionellen Gebet für die Verstorbenen bitten wir, daß ihnen das ewige Licht leuchten möge. Der Tod hat für uns immer auch etwas Dunkles, Unerklärliches, Undurchschaubares an sich. Gott aber ist Licht. Das Leben in der Ewigkeit ist daher ewiges Licht, ewige Herrlichkeit, Schönheit. Alles, was wir uns hier auf Erden in der Kunst ersehnen, Harmonie, Herrlichkeit, absolute Schönheit, das wird uns im ewigen Leben geschenkt. Wenn ich Schallplatten höre von Sängern oder Dirigenten, die gestorben sind, dann stelle ich mir vor, wie sie das, was sie hier ausgedrückt haben, in neuer Weise im Himmel zum Klingen bringen. Was ein Fritz Wunderlich oder Peter Pears hier etwa in den Arien des Weihnachtsoratoriums mit der Sehnsucht ihres Herzens gesungen haben, das erklingt im Himmel so, wie es gemeint ist, als Offenbarung von Gottes Herrlichkeit. Was Karl Richter in den Bachkantaten ausdrücken wollte, das erlebt er jetzt in einem einzigen Augenblick. Oder was Eugen Jochum in seiner berühmt gewordenen Matthäuspassion hörbar werden ließ, das erfährt er jetzt in seiner Fülle. Im Schlußchor der Matthäuspassion wollte er, daß der Hörer das Empfinden von Zeit verliert, daß er im Hören schon teilhat an der Auferstehung: „Das ewige Sein des Gottessohnes hat nunmehr auch von seiner Menschheit im verklärten Leib sichtbarlich Besitz ergriffen; in der Hoffnung partizipieren 'wir' bereits daran: 'höchst vergnügt'." So beschreibt der große Dirigent, was ihm in der Aufführung der Matthäuspassion vorschwebte. Wenn ich seine Aufnahme höre, stelle ich mir vor, wie er das für immer genießt, was er zum Klingen gebracht hat, wie da die Musik hineinreicht in den Himmel, an dem sie mir jetzt schon Anteil schenkt. Wenn ich mir das vorstelle, so weiß ich natürlich auch um die Menschlichkeit solcher Gedanken. Und dennoch ist in mir eine Seite, die diesen Vorstellungen traut und sich wehrt gegen ein allzu abstraktes Reden vom Himmel als Jenseits aller Bilder.

Schluß

Ich habe mich in dieser Kleinschrift mit dem Tod beschäftigt, mit meinem eigenen Tod. Denn je älter ich werde, desto mehr wird er mir zur Frage: Wann werde ich sterben? Wie wird es sein? Was erhoffe und ersehne ich? Ich habe meinen Tod meditiert, um intensiver zu leben. Und ich habe über Tod und Auferstehung nachgedacht, um andern Menschen in ihrer Unsicherheit und Verwirrung zu helfen, klarer zu sehen, was sie erwartet, und besser beurteilen zu können, wenn sie die verschiedensten Meinungen über den Tod, über die Reinkarnation und über Himmel und Hölle hören. Auch wenn es ein persönliches Buch ist, ist es nicht nur meine eigene Meinung, sondern die Zusammenfassung dessen, was die Theologie heute allgemein zu diesem Thema sagt. Ich möchte mit dieser Kleinschrift vielen die Angst vor dem Tod nehmen und ich möchte, daß sie intensiver leben, daß sie dem Geheimnis ihres Lebens auf die Spur kommen, daß sie entdecken, wie spannend es ist, wirklich zu leben, das einmalige Bild zu leben, das Gott sich von jedem von uns gemacht hat. Und es ist mir ein Anliegen, daß jeder von uns seine Spuren der Liebe in dieser Welt hinterläßt, damit sie sich mehr und mehr in unsere Welt eingraben und die Spurrillen des Destruktiven verwandeln zu Spuren Gottes in dieser Welt.

Bei allem Reden über Tod und Auferstehung bleibt die Unsicherheit darüber, wie ich persönlich meinen Tod vollziehen werde. Der Tod bleibt das Wagnis des Glaubens, sich mehr und mehr in die liebenden Hände Gottes fallen zu lassen. Und er fordert mich hier und jetzt schon heraus, in Gott meinen Grund zu suchen und nicht im Erfolg, nicht in der Anerkennung und Bestätigung, sondern in der Liebe Gottes, die mich trägt. Der Tod ist für mich die Einladung, jeden Augenblick intensiv und bewußt zu leben, hier in der Zeit schon Ewigkeit zu weben, das Festhalten an mir selbst loszulassen, um mich ganz dem gegenwärtigen Gott zu überlassen. Und der Tod ist für mich Ausdruck der Hoffnung, daß Gott mir eine ewige Zukunft bereitet hat, daß ich nicht aus der Liebe Gottes herausfallen werde. Gottes Liebe ist der Grund meiner Existenz hier in diesem Leben und im Tod. Gottes Liebe garantiert mir, daß ich nicht ins Nichts fallen werde, sondern aufgehoben werde in das wahre Sein, in dem ich in der Anschauung Gottes mich selbst vergessen kann und so erst ganz da bin, ganz der sein werde, als der ich von Gott von Ewigkeit her gedacht bin.

Ich glaube daran, daß Gott im Tod meine tiefste Sehnsucht erfüllen wird. Dieser Sehnsucht habe ich in dieser Kleinschrift Ausdruck gegeben. Schreiben ist für mich immer der Versuch, dem Geheimnis Gottes auf die Spur zu kommen, etwas von Gottes Liebe aufscheinen zu lassen, damit der Leser diese unbeschreibliche Liebe spüren kann und sich darin geborgen weiß. Ich weiß aber auch, daß ich im Tod mit Thomas von Aquin sagen werde: Alles, was ich geschrieben habe, ist nur Stroh, im Vergleich zu dem, was Gott denen bereitet hat, die ihn lieben. Mein Schreiben über den Tod ist nur der Versuch, meiner Sehnsucht Ausdruck zu geben, daß Gott das Ziel meines Lebens ist. Ich möchte etwas von der unbeschreiblichen Liebe Gottes erfahrbar machen, die uns hier und jetzt umgibt und die uns im Tod erwartet. Aber ich weiß auch, daß im Tod nicht mehr zählt, was ich geschrieben habe, sondern nur das, was ich erhofft und geglaubt habe und wieviel Liebe in all meinem Tun und Streben war. Im Tod werde ich erkennen. Da werden die Worte aufhören, da wird das liebende Geheimnis Gottes selbst in seiner Unbeschreiblichkeit mich aufnehmen. Dann werde ich am Ziel meiner Sehnsucht sein, dann werde ich durch Gott ganz der sein, der ich von Ewigkeit her bin, dann werde ich schauen und kosten, wonach ich mein Leben lang gesucht und worum ich in meinem Schreiben gerungen habe.

LITERATUR

Gottfried Bachl, Die Zukunft nach dem Tod, Freiburg 1985.

Hans Urs von Balthasar, Kleiner Diskurs über die Hölle, Ostfildern 1982.

Ladislaus Boros, Mysterium Mortis. Der Mensch in der letzten Entscheidung, Olten 1962.

Wilhelm Breuning, Systematische Entfaltung der eschatologischen Aussagen, in MySal V, hrg. v. J. Feiner u. M.Löhrer, Zürich 1976, 779-890.

H.v. Glasenapp, Seelenwanderung, in RGG 1637-1639.

Gisbert Greshake, Ewigkeit/Ewiges Leben, in Lex Spir 360ff.

Reinhard Hummel, Reinkarnation. Welbilder des Reinkarnationsglaubens und das Christentum, Mainz 1989.

Raymond A. Moody, Leben nach dem Tod. Die Erforschung einer unerklärten Erfahrung, Reinbek 1977.

Karl Rahner, Kleines Kirchenjahr, München 1953.

Karl Rahner, Zur Theologie des Todes, Freiburg 1959.

Karl Rahner, Anschauung Gottes, in SM I, 159-163.

Karl Rahner, Tod, in SM IV, 920-927.

Karl Rahner, Grundkurs des Glaubens, Freiburg 1976.

Karl Rahner, Ewigkeit aus Zeit, in Schriften zur Theologie 14, Einsiedeln 1980, 422-432.

Karl Rahner, Prolixitas mortis, in MySal V, 466-472.

Joseph Ratzinger, Einführung in das Christentum, München (6) 1968.

MÜNSTERSCHWARZACHER KLEINSCHRIFTEN

Schriften zum geistlichen Leben
ISSN 0171-6360

1	Grün, A., Gebet und Selbsterkenntnis	(1979) 56 S., DM 5,60
2	Doppelfeld, B., Der Weg zu seinem Zelt	(1979) 64 S., DM 6,40
3	Ruppert/Grün, Christus im Bruder	(1979) 56 S.,DM 5,60
4	Hugger, P., Meine Seele, preise den Herrn	(1979) 84 S., DM 8,40
5	Louf, A., Demut und Gehorsam	(1979) 55 S., DM 5,40
6	Grün, A., Der Umgang mit dem Bösen	(1980) 84 S., DM 8,40
7	Grün, A., Benedikt von Nursia	(1979) 60 S., DM 6,00
8	Hugger, P., Ein Psalmenlied, dem Herrn, Teil 1	(1980) 72 S., DM 7,80
9	Hugger, P., Ein Psalmenlied, dem Herrn, Teil 2	(1980) 80 S., DM 8,40
10	Hugger, P., Ein Psalmenlied, dem Herrn, Teil 3	(1980) 80 S., DM 8,40
11	Grün, A., Der Anspruch des Schweigens	(1980) 72 S., DM 7,40
12	Schellenberger, B., Einübung ins Spielen	(1980) 52 S., DM 5,40
13	Grün, A., Lebensmitte als geistliche Aufgabe	(1980) 60 S., DM 6,40
14	Doppelfeld, B., Höre – nimm an – erfülle	(1981) 68 S., DM 7,40
15	Friedmann, E., Mönche mitten in der Welt	(1981) 76 S., DM 7,80
16	Grün, A., Sehnsucht nach Gott	(1982) 64 S., DM 6,80
17	Ruppert/Grün, Bete und arbeite	(1982) 80 S., DM 8,40
18	Lafrance, J., Der Schrei des Gebetes	(1983) 64 S., DM 6,80
19	Grün, A., Einreden	(1983) 78 S., DM 8,40
22	Grün, A., Auf dem Wege	(1983) 72 S., DM 7,80
23	Grün, A., Fasten – Beten mit Leib und Seele	(1984) 76 S., DM 7,80
25	Kreppold, G., Die Bibel als Heilungsbuch	(1985) 80 S., DM 8,40
26	Louf/Dufner, Geistliche Vaterschaft	(1984) 48 S., DM 5,40
27	Doppelfeld, B., Die Jünger sind wir	(1985) 68 S., DM 7,40
28	Schmidt, M.-W., Christus finden in den Menschen	(1985) 48 S., DM 5,40
29	Grün/Reepen, Heilendes Kirchenjahr	(1985) 88 S., DM 8,80
30	Durrwell, F.-X., Eucharistie - das österl. S.	(1985) 76 S., DM 7,80
31	Doppelfeld, B., Mission	(1985) 62 S., DM 6,80
32	Grün, A., Glauben als Umdeuten	(1986) 68 S., DM 7,40
34	Bar, C. de, Du hast Menschen an m. Weg gest.	(1986) 56 S., DM 5,80
35	Kreppold, G., Kranke Bäume – Kranke Seelen	(1986) 80 S., DM 8,40
36	Grün, A., Einswerden	(1986) 80 S., DM 8,80
37	Community, B., Regel für einen neuen Bruder	(1986) 48 S., DM 5,40
38	Doppelfeld, B., Gemeinsam glauben	(1987) 60 S., DM 6,80
39	Grün, A., Dimensionen des Glaubens	(1987) 80 S., DM 8,80
41	Domek, J., Gott führt uns hinaus ins Weite	(1987) 72 S., DM 7,80
44	Grün/Reitz, Marienfeste	(1987) 80 S., DM 8,80
45	Domek, J., Segen – Quelle heilender Kraft	(1988) 76 S., DM 8,40
46	Grün/Reepen, Gebetesgebärden	(1988) 72 S., DM 7,80
47	Kohlhaas, E., Es singe das Leben	(1988) 60 S., DM 6,80
49	Abeln/Kner, Such dir einen Einsamen	(1988) 44 S., DM 5,20
50	Grün, A., Chorgebet und Kontemplation	(1988) 68 S., DM 7,60

Weitere Veröffentlichungen folgen.

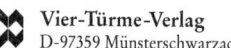
Vier-Türme-Verlag
D-97359 Münsterschwarzach Abtei

Telefon 0 93 24/20-2 92
Telefax 0 93 24/20-4 52